古今名人讀書法

張明仁編

邵夢禪題

讀書指南

胡樸安

古今名人读书法

张明仁 编著

图书在版编目(CIP)数据

古今名人读书法/张明仁编著.—北京:商务印书馆,2007(2024.12重印)
ISBN 978-7-100-05431-7

Ⅰ.古… Ⅱ.张… Ⅲ.读书方法 Ⅳ.G792

中国版本图书馆 CIP 数据核字(2007)第 035500 号

权利保留,侵权必究。

古 今 名 人 读 书 法
张明仁 编著

商 务 印 书 馆 出 版
(北京王府井大街36号 邮政编码100710)
商 务 印 书 馆 发 行
北京市艺辉印刷有限公司印刷
ISBN 978-7-100-05431-7

1992 年 6 月第 1 版　　开本 787×1092　1/32
2007 年 10 月第 2 版　　印张 9　插页 1
2024 年 12 月北京第 14 次印刷
定价:39.00 元

例　言

一　本书专采古今名人关于读书之各种方法，汇为一编，俾初学藉以窥见读书之门径，而考论其事者，亦得有所取资。

一　本书取材，不拘古今，无分派别，共计三百余人，八百余则，约十万言。初稿今人与古人所占之分量略相等，后因今人之作，大抵篇幅长而不难得，且坊间亦多有荟萃此类作品于一编者，乃颇加芟薙，以归简要。故全书分量，较初稿已减少十之三四。

一　本书编次先后，均以时代为次，览者可由此稍见历代学者思想渊源演变之痕迹。起自东周孔子，终于现代。盖自孔子以后，简策著述，流传渐多，较可征信也。

一　本书所采各家，皆略述其里字及著作。

一　本书所采各文之后，皆注明其出处或篇名。

一　本书取材，多由平时阅读群书，随时辑

录,故参考书名,殊难统计。惟查通行关于读书法之专著,虽不尽为本书所取材,而据编者所知见者,共有若干种,兹附录其目于本书后,以备考览。

廿八年四月编者识

目　　录

周 （秦附）凡十三人五十七则

孔子　二十则 …………………………（1）

端木赐　一则 …………………………（6）

卜商　三则 ……………………………（6）

曾参　六则 ……………………………（7）

孔伋　四则 ……………………………（8）

公明宣　一则 …………………………（9）

墨翟　一则 ……………………………（9）

孟轲　八则 ……………………………（10）

列御寇　一则 …………………………（12）

庄周　一则 ……………………………（12）

荀况　五则 ……………………………（12）

韩非　一则 ……………………………（13）

吕不韦　五则 …………………………（14）

汉　凡二十二人四十七则

伏胜　一则 ……………………………（15）

韩婴 一则	(15)
贾谊 二则	(15)
晁错 一则	(15)
孔臧 一则	(16)
孔安国 一则	(16)
董仲舒 二则	(16)
刘安 二则	(16)
刘德 一则	(17)
东方朔 一则	(17)
刘向 三则	(17)
扬雄 五则	(17)
刘歆 一则	(18)
包咸 二则	(18)
王充 二则	(19)
班固 一则	(19)
李尤 一则	(19)
王符 四则	(19)
赵岐 二则	(20)
郑玄 十则	(20)
荀悦 一则	(21)
徐幹 二则	(22)

三国 凡五人七则

诸葛亮	一则	(23)
董遇	一则	(23)
何晏	三则	(23)
孙权	一则	(24)
韦昭	一则	(24)

晋 凡十一人十五则

杜预	一则	(26)
虞溥	二则	(26)
傅玄	一则	(27)
束皙	一则	(27)
司马越	一则	(27)
阮瞻	一则	(27)
葛洪	四则	(28)
石勒	一则	(28)
戴逵	一则	(28)
刘柳	一则	(29)
陶潜	一则	(29)

南北朝 （隋附） 凡十一人十九则

萧钧	一则	(30)
陶弘景	二则	(30)
梁元帝	一则	(30)

刘勰 一则 …… (31)

袁峻 一则 …… (31)

王筠 一则 …… (31)

李先 一则 …… (31)

邢邵 一则 …… (31)

刘昼 二则 …… (31)

颜之推 六则 …… (32)

王通 二则 …… (33)

唐 凡十三人二十二则

唐太宗 一则 …… (34)

孔颖达 二则 …… (34)

刘知几 二则 …… (34)

张参 一则 …… (35)

孟郊 一则 …… (35)

韩愈 七则 …… (35)

柳宗元 二则 …… (37)

李翱 一则 …… (38)

皇甫湜 一则 …… (38)

白居易 一则 …… (38)

魏谟 一则 …… (39)

卢仝 一则 …… (39)

皮日休 一则 …… (39)

宋 凡六十七人二百五十三则

田锡 一则 …… (40)

邢昺 二则 …… (40)

宋绶 一则 …… (40)

欧阳修 四则 …… (41)

苏舜钦 一则 …… (41)

苏洵 一则 …… (42)

邵雍 五则 …… (42)

周敦颐 三则 …… (43)

司马光 三则 …… (43)

曾巩 一则 …… (44)

张载 十四则 …… (44)

王安石 一则 …… (46)

陈烈 一则 …… (47)

李潜 二则 …… (47)

孙觉 一则 …… (47)

徐积 一则 …… (47)

苏颂 一则 …… (48)

程颢 七则 …… (48)

程颐 十三则 …… (48)

蒲宗孟 一则 …… (50)

苏轼 九则 …… (50)

苏辙 四则 …… (52)

黄庭坚 四则 …………………………（53）

秦观 一则 ……………………………（54）

黄履 一则 ……………………………（54）

赵孝孙 一则 …………………………（55）

刘安世 一则 …………………………（55）

杨时 三则 ……………………………（56）

吕希哲 四则 …………………………（57）

王苹 一则 ……………………………（57）

晁说之 二则 …………………………（57）

陈瓘 二则 ……………………………（57）

罗从彦 一则 …………………………（58）

吕本中 四则 …………………………（58）

李清照 一则 …………………………（59）

宋高宗 一则 …………………………（59）

李侗 二则 ……………………………（59）

胡宏 二则 ……………………………（59）

张九成 二则 …………………………（60）

郑耕老 一则 …………………………（60）

王十朋 一则 …………………………（61）

朱熹 七十三则 ………………………（61）

陆游 一则 ……………………………（78）

尤袤 一则 ……………………………（78）

张栻 五则 ……………………………（78）

彭龟年 一则 …………………… (79)

吕祖谦 九则 …………………… (80)

陆九龄 一则 …………………… (81)

陆九渊 十八则 ………………… (82)

倪思 一则 ……………………… (85)

叶适 一则 ……………………… (85)

黄榦 三则 ……………………… (85)

何基 一则 ……………………… (86)

李之彦 一则 …………………… (86)

真德秀 二则 …………………… (87)

程端蒙 一则 …………………… (87)

罗大经 一则 …………………… (88)

何坦 五则 ……………………… (89)

陈善 三则 ……………………… (90)

胡仔 一则 ……………………… (90)

喻成 二则 ……………………… (91)

许颉 一则 ……………………… (91)

王应麟 五则 …………………… (91)

王楸 一则 ……………………… (94)

王廷珍 一则 …………………… (94)

陈普 一则 ……………………… (94)

张文选 一则 …………………… (94)

金 凡二人二则

王若虚 一则 …………………………… (95)

元好问 一则 …………………………… (95)

元 凡十四人二十二则

许衡 三则 …………………………… (96)

吴澄 二则 …………………………… (97)

赵孟頫 一则 …………………………… (97)

余芑舒 一则 …………………………… (97)

刘因 二则 …………………………… (97)

许谦 一则 …………………………… (98)

李存 一则 …………………………… (98)

程端礼 三则 …………………………… (98)

虞集 一则 …………………………… (101)

揭傒斯 二则 …………………………… (102)

侯均 一则 …………………………… (102)

盛如梓 二则 …………………………… (102)

杨瑀 一则 …………………………… (102)

傅幼安 一则 …………………………… (103)

明 凡四十人八十六则

宋濂 一则 …………………………… (104)

刘基 一则 …………………………… (105)

方孝孺　五则 …………………… (105)

薛瑄　十六则 …………………… (106)

夏尚朴　二则 …………………… (109)

陈献章　一则 …………………… (109)

胡居仁　二则 …………………… (109)

祝允明　一则 …………………… (110)

桑悦　一则 …………………… (110)

罗钦顺　一则 …………………… (110)

贺钦　一则 …………………… (110)

王守仁　十则 …………………… (111)

杨天祥　一则 …………………… (113)

薛侃　一则 …………………… (114)

王畿　一则 …………………… (114)

唐顺之　一则 …………………… (114)

陆树声　一则 …………………… (114)

杨继盛　一则 …………………… (114)

杨慎　一则 …………………… (115)

胡应麟　二则 …………………… (115)

何伦　二则 …………………… (116)

屠羲时　一则 …………………… (117)

吕坤　五则 …………………… (117)

史典　一则 …………………… (119)

陈继儒　三则 …………………… (119)

高攀龙　一则 …………………………… (119)

李贽　二则 ………………………………… (119)

吴默　一则 ………………………………… (120)

袁宗道　一则 ……………………………… (120)

袁宏道　二则 ……………………………… (121)

谭元春　一则 ……………………………… (121)

孙矿　一则 ………………………………… (121)

陶奭龄　一则 ……………………………… (122)

张溥　一则 ………………………………… (122)

黄淳耀　七则 ……………………………… (122)

陈士奇　一则 ……………………………… (124)

洪应明　一则 ……………………………… (124)

方以智　一则 ……………………………… (124)

释袾宏　一则 ……………………………… (125)

释成葵　一则 ……………………………… (125)

清　凡九十五人二百九十则

黄宗羲　三则 ……………………………… (126)

陆世仪　八则 ……………………………… (126)

张履祥　八则 ……………………………… (129)

张岱　三则 ………………………………… (130)

张尔岐　五则 ……………………………… (131)

顾炎武　四则 ……………………………… (132)

朱用纯 一则 …………………… (133)

冯班 十三则 …………………… (134)

申涵光 七则 …………………… (136)

毛先舒 一则 …………………… (137)

王夫之 二则 …………………… (137)

毛奇龄 一则 …………………… (138)

魏际瑞 三则 …………………… (139)

魏禧 八则 …………………… (139)

汪琬 一则 …………………… (141)

李颙 一则 …………………… (141)

汤斌 一则 …………………… (141)

吕留良 二则 …………………… (142)

陆陇其 四则 …………………… (142)

郑日奎 一则 …………………… (144)

颜元 三则 …………………… (144)

李塨 一则 …………………… (145)

王心敬 一则 …………………… (145)

劳史 一则 …………………… (145)

崔学古 二则 …………………… (146)

熊赐履 一则 …………………… (146)

叶弈绳 一则 …………………… (146)

王晫 一则 …………………… (147)

张英 四则 …………………… (147)

阎若璩 三则	(149)
唐彪 十六则	(149)
高拱京 一则	(154)
邵长蘅 一则	(154)
尤侗 一则	(155)
张潮 九则	(156)
李光地 十则	(157)
清圣祖 五则	(160)
沈近思 一则	(161)
沈德潜 一则	(161)
汪惟宪 二则	(161)
许珩 一则	(162)
刘大櫆 二则	(162)
张伯行 七则	(162)
王应奎 二则	(164)
钱陈群 一则	(165)
郑燮 四则	(166)
陈宏谋 一则	(167)
夏之蓉 一则	(167)
袁枚 六则	(167)
程晋芳 一则	(169)
王鸣盛 三则	(170)
戴震 八则	(170)

赵翼 一则 …………………… (172)

阎循观 一则 …………………… (172)

姚鼐 七则 …………………… (172)

汪烜 一则 …………………… (173)

段玉裁 二则 …………………… (174)

章学诚 五则 …………………… (174)

汪中 一则 …………………… (176)

王念孙 一则 …………………… (176)

王引之 一则 …………………… (176)

崔述 二则 …………………… (177)

江藩 一则 …………………… (178)

钱大昭 一则 …………………… (181)

钱塘 一则 …………………… (181)

阮元 一则 …………………… (181)

顾广圻 二则 …………………… (181)

彭兆荪 二则 …………………… (182)

方东树 一则 …………………… (182)

刘开 一则 …………………… (182)

梅曾亮 一则 …………………… (183)

梁章钜 四则 …………………… (183)

邵秉华 一则 …………………… (185)

包世臣 二则 …………………… (186)

胡达源 二则 …………………… (186)

龚自珍 一则 …………………………… (187)

黄本骥 一则 …………………………… (187)

梁绍壬 一则 …………………………… (187)

陈澧 六则 …………………………… (187)

邵懿辰 二则 …………………………… (190)

吴嘉宾 一则 …………………………… (190)

曾国藩 二十六则 …………………………… (191)

胡林翼 三则 …………………………… (200)

左宗棠 三则 …………………………… (201)

谢鼎卿 四则 …………………………… (202)

刘鸿业 二则 …………………………… (203)

彭玉麟 二则 …………………………… (203)

李鸿章 一则 …………………………… (203)

黄黼 二则 …………………………… (204)

俞樾 一则 …………………………… (205)

张之洞 八则 …………………………… (206)

文廷式 一则 …………………………… (209)

张裕钊 一则 …………………………… (209)

袁昶 一则 …………………………… (210)

朱一新 二则 …………………………… (210)

民国 凡十七人四十三则

严复 三则 …………………………… (211)

冯煦 五则 …………………… (214)

林纾 三则 …………………… (215)

梁启超 三则 …………………… (216)

唐文治 二则 …………………… (228)

章炳麟 三则 …………………… (230)

黄侃 一则 …………………… (234)

蔡元培 一则 …………………… (234)

孙德谦 五则 …………………… (237)

王云五 一则 …………………… (238)

胡朴安 三则 …………………… (241)

胡适 二则 …………………… (243)

吕思勉 一则 …………………… (248)

钱基博 四则 …………………… (248)

陈柱 二则 …………………… (250)

汪国垣 二则 …………………… (256)

李笠 二则 …………………… (257)

附录
关于读书法之书目 …………………… (259)

周（秦　附）

孔子

（一）学而时习之，不亦说乎。论语学而

王肃曰：时者，以时诵习之；诵习以时，学无废业，所以为悦怿。刘宝楠曰：讽诵皆是口习，故此注（指上王肃言）言诵习也。但古人为学，有操缦博依杂服兴艺诸事，此注专以诵习言者，亦举一端以见之也。谢良佐曰：时习者，无时而不习：坐如尸，坐时习也；立如齐，立时习也。朱熹曰：既学而又时时习之，则所学者熟，而中心喜悦，其进自不能已也。

（二）弟子入则孝，出则悌，谨而信，泛爱众，而亲仁，行有余力，则以学文。论语学而

朱熹曰：文，谓诗书六艺之文。又曰：洪氏曰："未有余力而学文，则文灭其质；有余力而不学文，则质胜而野。"愚谓：力行而不学文，则无以考圣贤之成法；识事理之当然，而所行或出于私意，非但失之于野而已。

名丘，字仲尼。鲁曲阜人。删定六经，弟子记其言为《论语》等书。

（三）温故而知新，可以为师矣。论语为政

朱子曰：温，寻绎也。故者，旧所闻；新者，今所得。言学能时习旧闻，而每有新得；则所学在我，而其应不穷；故可以为人师。

（四）学而不思则罔，思而不学则殆。论语为政

朱子曰：不求诸心，故昏而无得；不习其事，故危而不安。

（五）子贡问曰：孔文子何以谓之文也？子曰：敏而好学，不耻下问，是以谓之文也。论语公冶长

俞樾曰：下问者，非必以贵下贱之谓；凡以能问于不能，以多问于寡，皆是。

（六）发愤忘食，乐以忘忧，不知老之将至。论语述而

朱子曰：未得，则发愤而忘食；已得，则乐之而忘忧；以是二者，俛焉日有孳孳，而不知年数之不足。

（七）多闻择其善者而从之，多见而识之。论语述而

朱子曰：识，记也。所从不可不择；记则善恶皆当存之，以备参考。

（八）学如不及，犹恐失之。论语泰伯

程子曰：学如不及，犹恐失之，不得放过，才说姑待明日，便不可也。

（九）子路使子羔为费宰。子曰："贼夫人之子。"子路曰："有民人焉，有社稷焉，何必读书，然后为学。"子曰："是故恶夫佞者"！论语先进

范氏曰：古者学而后入政，未闻以政学者也。盖道之本在于修身，而后及于治人；其说具于方册，读而知之，然后能行。何可以不读书也？子路乃欲使子羔以政为学，失先后本末之序矣。不知其过而以口给御人，故夫子恶其佞也。

（十）子曰："赐也，汝以予为多学而识之者欤？"对曰："然，非欤？"曰："非也，予一以贯之。"论语卫灵公

谢氏曰：圣人之道大矣，人不能遍观而尽识，宜其以为多学而识之也。然圣人岂务博者哉，如天之于众形，匪物物刻而雕之。故曰："予一以贯之。"

（十一）吾尝终日不食，终夜不寝，以思；无益，不如学也。论语卫灵公

朱子曰：此为思而不学者言之；盖劳心以必求，不如逊志而自得也。

（十二）生而知之者，上也；学而知之者，次

也;困而学之,又其次也;困而不学,民斯为下矣。论语季氏

孔安国曰:困谓有所不通。刘宝楠曰:不通者,心有所隔塞也。

(十三)君子学以聚之,问以辨之,宽以居之,仁以行之。易文言

李光地曰:学聚问辨下著一句宽以居之大妙。如用武火将物煮熟,却要用慢火煨,滋味才入,方得他烂。

(十四)孔子曰:用志不纷,乃凝于神。庄子达生

(十五)孔子曰:欲知则问,欲能则学。尸子

(十六)孔子云:诵诗读书,与古人居;读书诵诗,与古人谋。尸子

(十七)孔子读《诗》及《小雅》,喟然而叹曰:吾于《周南》《召南》,见周道之所以盛也。于《柏舟》,见匹夫执志之不易也。于《淇澳》,见学之可以为君子也。于《考槃》,见遁世之士而不闷也。于《木瓜》,见包且之礼行也。于《缁衣》,见好贤之心至也。于《鸡鸣》,见古之君子不忘其敬也。于《伐檀》,见贤者之先事后食也。于《蟋蟀》,见陶唐俭德之大也。于《下泉》,见乱世之思明君也。于《七月》,见豳公之所以造周也。

于《东山》，见周公之先公而后私也。于《狼跋》，见周公之远志所以为圣也。于《鹿鸣》，见君臣之有礼也。于《彤弓》，见有功之必报也。于《羔羊》，见善政之有应也。于《节南山》，见忠臣之忧世也。于《蓼莪》，见孝子之思养也。于《四月》，见孝子之思祭也。于《裳裳者华》，见古之贤者世保其禄也。于《采菽》，见古之明王所以敬诸侯也。孔丛子

（十八）子曰：不学而好思，虽知不广矣；学而慢其身，虽学不尊矣；不以诚立，虽立不久矣；诚未著而好言，虽言不信矣；美材也，而不闻君子之道，隐小物以害大物者，灾必及身矣。韩诗外传

（十九）孔子曰：弗学何以行？弗思何以得？小子勉之！中论治学

（二十）附《录学》记三则：

虽有嘉肴，弗食，不知其旨也；虽有至道，弗学，不知其善也。是故学然后知不足；教然后知困。知不足然后能自反也；知困然后能自强也；故曰教学相长也。《兑命》曰：学，学半，其此之谓乎？

大学之法：禁于未发之谓豫；当其可之谓时；不陵节而施之谓孙；相观而善之谓摩；此四

者,教之所由兴也。发然后禁,则扞格而不胜;时过然后学,则勤苦而难成;杂施而不孙,则坏乱而不修;独学而无友,则孤陋而寡闻;燕朋逆其师;燕辟废其学;此六者,教之所由废也。

善学者,师逸而功倍,又从而庸之。不善学者,师勤而功半,又从而怨之。善问者,如攻坚木,先其易者,后其节目;及其久也,相说以解。不善问者反此。善待问者如撞钟;叩之以小者则小鸣,叩之以大者则大鸣;待其从容,然后尽其声。不善答问者反此。此皆进学之道也。

端木赐

字子贡,卫人。

子贡曰:学不厌,智也;教不倦,仁也。孟子公孙丑上

卜商

字子夏,卫人。有《易传》。

(一)日知其所亡,月无忘其所能;可谓好学也已矣。论语子张

朱子曰:亡,无也;谓己之所未有。尹氏曰:好学者日新而不失。

(二)博学而笃志,切问而近思。论语子张

苏氏曰:博学而志不笃,则大而无成;泛问远思,则劳而无功。

(三)子夏曰:日习则学不忘,自勉则身不堕,亟闻天下之大言,则志益广。中论

曾参

（一）弟子问于曾子曰："夫士何如则可以为达矣？"曾子曰："不能则学，疑则问，欲行则比贤；虽有险道，循行达矣。今之弟子，病下人，不知事贤，耻不知而又不问，欲作则其知不足，是以惑暗；惑暗终其世而已矣，是谓穷民也。"大戴礼记曾子制言上

（二）君子既学之，患其不博也；既博之，患其不习也；既习之，患其无知也；既知之，患其不能行也；既行之，贵其能让也；君子之学，致此五者而已。大戴礼记立事

（三）多知而无亲，博学而无方，好多而无定者，君子弗与也；君子多知而择焉，博学而算焉，多言而慎焉。大戴礼记立事

（四）君子学必由其业，问必以其序。问而不决，承间观色而复之；虽不说，亦不强争也。大戴礼记立事

（五）以能问于不能，以多问于寡；有若无，实若虚；犯而不校；昔者吾友尝从事于斯矣。论语泰伯

朱子曰：校，计校也。友，马氏以为颜渊是也。颜子之心，唯知义理之无穷，不见物我之有间；故能如此。

字子舆，鲁南武城人。有《孝经》。

（六）知止而后有定；定而后能静；静而后能安；安而后能虑；虑而后能得。大学

朱子曰：止者所当止之地，即至善之所在也；知之则志有定向。静，谓心不妄动。安，谓所处而安；虑，谓处事精详；得，谓得其所止。

孔伋

字子思，孔子孙。有《中庸》。

（一）博学之，审问之，慎思之，明辨之，笃行之。有弗学，学之弗能弗措也；有弗问，问之弗知弗措也；有弗思，思之弗得弗措也；有弗辨，辨之弗明弗措也。人一能之己百之，人十能之己千之。果能此道矣，虽愚必明，虽柔必强。中庸

朱子曰：君子之学，不为则已，为则必要其成；故常百倍其功。此困而知，勉而行者也；勇之事也。

（二）子上杂所习，请于子思，子思曰：先人有训焉，学必由圣，所以致其材也；厉必由砥，所以致其刃也。故夫子之教，必始于诗书，而终于礼乐，杂说不与焉，又何请！孔丛子杂训

（三）子思谓子上曰：白乎！吾尝深有思而莫之得也，于学则有寤焉；吾尝企有望而莫之见也，登高则睹焉。是故虽有本性，而加之以学，则无惑矣。孔丛子杂训

（四）子思曰：学所以益才也，砺所以致刃

也。吾尝幽处而深思,不若学之速;吾尝跂而望,不若登高之博见。故顺风而呼,声不加疾,而闻者众;登丘而招,臂不加长,而见者远。故鱼乘于水,鸟乘于风,草木乘于时。说苑建本

公明宣

鲁南武城人。

公明宣学于曾子,三年不读书。曾子曰:"宣而居参之门,三年不学,何也?"公明宣曰:"安敢不学!宣见夫子居宫庭,亲在,叱咤之声,未尝至于犬马;宣说之,学而未能。宣见夫子之应宾客,恭俭而不懈惰;宣说之,学而未能。宣见夫子之居朝廷,严临下而不毁伤;宣说之,学而未能。宣说此三者,学而未能;宣安敢不学,而居夫子之门乎?"曾参避席谢之曰:"参不及,宣其学而已!"说苑反质

墨翟

宋人,一说鲁人。有《墨子》。

子墨子南游使卫,关中(犹云扃中)载书甚多;弦唐子见而怪之曰:"吾夫子教公尚过曰,揣曲直而已;今夫子载书甚多,何有也?"子墨子曰:"昔者周公旦朝读书百篇,夕见漆(七)十士;故周公旦佐相天子,其修至于今。翟上无君上之事,下无耕农之难,吾安敢废此?翟闻之,同归之物,信有误者;然而民听不钧(均),是以书多也。今若过之心者,数逆于精微,同归之物,

既已知其要矣,是以不教以书也。而子何怪焉?"墨子贵义

孟轲

字子舆,邹人。有《孟子》七篇。

（一）博学而详说之,将以反说约也。孟子离娄下

朱子曰:言所以博学于文而详说其理者,非欲夸多而斗靡也;欲其融会贯通,有以反而说到至约之地耳。

（二）说诗者不以文害辞,不以辞害志;以意逆志,是为得之。如以辞而已矣,《云汉》之诗曰:"周余黎民,靡有孑遗。"信斯言也,是周无遗民也。孟子万章上

朱子曰:言说诗之法,不可以一字而害一句之义,不可以一句而害设辞之志;当以己意迎取作者之志,乃可得之。若但以其辞而已,则如《云汉》所言,是周之民真无遗种矣。惟其以意逆之,则知作诗之志,在于忧旱;而非真无遗民也。

（三）一乡之善士,斯友一乡之善士;一国之善士,斯友一国之善士;天下之善士,斯友天下之善士;以友天下之善士为未足,又尚论古之人,颂其诗,读其书,不知其人可乎？是以论其世也;是尚友也。孟子万章下

朱子曰：论其世，论其当世行事之迹也。言既观其言，而不可以不知其为人之实；是以又考其行也。

（四）无或（同惑）乎王之不智也。虽有天下易生之物也，一日暴之，十日寒之，未有能生者也。吾见亦罕矣。吾退而寒之者至矣，吾如有萌焉，何哉！今夫弈之为数，小数也；不专心致志，则不得也。弈秋通国之善弈者也；使弈秋诲二人弈，其一人专心致志，惟弈秋之为听；一人虽听之，一心以为有鸿鹄将至，思援弓缴而射之；虽与之俱学，弗若之矣。为是其智弗若与？曰：非然也。孟子告子上

（五）学问之道无他，求其放心而已矣。孟子告子上

朱子曰：能如是，则志气清明，义理昭著，而可以上达。不然，则昏昧放逸，虽日从事于学，而终不能有所发明矣。

（六）尽信书，则不如无书；吾于《武成》，取二三策而已矣。孟子尽心下

程子曰：取其奉天伐暴之意，反政施仁之法而已。

（七）人皆知以食愈饥，而莫知以学愈愚。

（八）孟子曰：人皆知粪其田，而莫知粪其心。粪田不过利苗得粟，粪心易行而无所欲。何谓粪心？博学多闻；何谓易行？一欲止淫。

<small>戒庵漫笔卷二孟子古本删本</small>

郑人，有《列子》。

列御寇

心都子曰："大道以多歧亡羊；学者以多方丧生。学非本不同，非本不一，而末异若是；唯归同反一，为亡得丧。"列子说符

蒙人，有《庄子》。

庄周

桓公（齐桓公）读书于堂上，轮扁斲于堂下，释椎凿而上问桓公曰："敢问公之所读为何言耶？"公曰："圣人之言也。"曰："圣人在乎？"曰："已死矣。"曰："然则君之所读，古人之糟粕已夫！"桓公曰："寡人读书，轮人安得议乎！有说则可；无说则死！"轮扁曰："臣也以臣之事观之：斲轮徐则甘而不固，疾则苦而不入。不徐不疾，得之于手，而应于心；口不言而有数存焉于其间。臣不能以喻臣之子，臣之子亦不能受之于臣，是以行年七十而老斲轮。古之人与其不可传也，死矣。然则君之所读者，古人之糟粕已夫。"庄子天道

字卿，赵人。有《荀子》。

荀况

（一）目不能两视而明，耳不能两听而

聪……故君子结于一也。荀子劝学

（二）学恶乎始？恶乎终？曰：其数始乎诵经，终乎读礼；其义则始乎为士，终乎为圣人。真积力久则入，学至乎没而后止也。故学数有终，若其义，则不可须臾离也。荀子劝学

（三）伦类不通……不足谓善学。学也者，固学一之也。荀子劝学

杨倞曰：谓一以贯之，触类而长也。

（四）诵数以贯之，思索以通之。荀子劝学

俞樾曰：诵数，犹诵说也。

（五）心何以知？曰虚壹而静。心未尝不臧也，然而有所谓虚；心未尝不满也，然而有所谓一；心未尝不动也，然而有所谓静。人生而有知，知而有志；志也者，臧也；然而有所谓虚，不以所已臧害所将受谓之虚。心生而有知，知而有异；异也者，同时兼知之；同时兼知之，两也；然而有所谓一，不以夫一害此一谓之壹。心卧则梦，偷则自行，使之则谋，故心未尝不动也；然而有所谓静，不以梦剧乱知谓之静。荀子解蔽

韩非

郢人有遗燕相国书者，夜书，火不明，因谓持烛者曰：举烛，而过书举烛，举烛非书意也。燕相受书而说之曰：举烛者，尚明也；尚明也者，举贤

韩人，有《韩非子》。

任之。燕相白王，大说，国以治。治则治矣，非书意也。今世学者多似此类。韩非子外储说左上

吕不韦

秦濮阳人，有《吕氏春秋》。

（一）凡学非能益也，达天性也。能全天之所生，而勿败之，是谓善学。吕览尊师

（二）凡学，必务进业，心则无营，疾讽诵，谨司闻，观欢愉，问书意，顺耳目，不逆志，退思虑，求所谓，时辨说，以论道，不苟辨，必中法，得之无矜，失之无惭，必反其本。吕览尊师

高诱曰："本，谓本性也。"

（三）善学者，假人之长，以补其短。吕览用众

（四）盖闻孔邱墨翟昼日讽诵习业，夜亲见文王周公旦而问焉。用志如此其精也，何事而不达，何为而不成？故曰：精而熟之，鬼将告之；非鬼告之也，精而熟也。吕览博志

（五）宁戚，中牟之鄙人也，苦耕稼之劳。谓其友曰："何为而可以免此苦也？"其友曰："莫如学。学三十岁，则可以达矣。"宁戚曰："请以十五岁。人将休，吾不敢休，人将卧，吾不敢卧。"十五岁而为周威公之师。吕览博志

汉

伏胜

学,效也。尚书大传

> 字子贱,济南人。有《尚书大传》。

韩婴

不能则学,不知则问;虽知必让,然后为知。韩诗外传卷四

> 燕人,有《韩诗外传》。

贾谊

(一)择其所嗜,必先受业,乃得尝之。择其所乐,必先有习,乃得为之。孔子曰:"少成若天性,习惯成自然。"汉书贾谊传

(二)习与智长,故切而不愧;化与心成,故中道若性。汉书贾谊传

> 洛阳人,有《新书》。

晁错

皇太子所读书多矣,而未深知术数者,不问书说也。夫多诵而不知其说,所谓劳苦而不为功。汉书晁错传

> 颍川人。

孔子后。有《孔丛子》。

孔臧

闻汝与诸友生讲肄书传,滋滋昼夜,衍衍不息,善矣。人之进道,唯问其志,取必以渐,勤则得多。山霤至柔,石为之穿;蝎虫至弱,木为之弊。夫霤非石之凿,蝎非木之凿,然而能以微脆之形,陷坚刚之体,岂非积渐之致乎？孔丛子

字子国,臧从弟,有《古文尚书传》。

孔安国

王者求多闻以立事,学于古训乃有所得。
尚书说命传

广川人,有《春秋繁露》。

董仲舒

（一）事在强勉而已矣。强勉学问,则闻见博而知益明;强勉行道,则德日起而大有功。此皆可使还至而立有效者也。《诗》曰"夙夜匪懈",《书》云"茂哉茂哉",皆强勉之谓也。汉书董仲舒传

（二）君子不隐其短,不知则问,不能则学。
春秋繁露

沛人。汉文帝弟长之子,封淮南王。有《淮南子》。

刘安

（一）天下无粹白狐,而有粹白之裘,掇之众白也。善学者如齐王之食鸡,必食其蹠,数十而后足。淮南子说山训

（二）谓学不暇者,虽暇亦不能学。淮南子说山训

刘德

河间献王德,修学好古,实事求是。从民间得善书,必为好写与之,留其真,加金帛赐以招之。汉书景十三王传

颜师古曰:实事求是,务得事实,每求真是也。何焯曰:实事求是四字,是读书穷理之要。

沛人。汉景帝子,封河间王,卒谥献。

东方朔

臣朔少失父母,长养兄嫂,年十二学书,三冬文史足用,十五学击剑,十六学诗书,诵二十二万言。十九学孙吴兵法,战阵之具,鏳鼓之教,亦诵二十二万言。东方大中集应诏上书

字曼倩,厌次人。有《东方大中集》。

刘向

(一)君子博学,患其不习;既习之,患其不能行之;既能行之,患其不能以让也。说苑丛谈

(二)君子不羞学,不羞问。问讯者,知之本;念虑者,知之道也。此言贵因人知而加知之,不贵独自用其知而知之。说苑丛谈

(三)讯问者智之本,思虑者智之道也。说苑建本

本名更生,字子政,沛人。有《新序》,《说苑》等书。

扬雄

(一)或曰:学无益也,如质何?曰:未之思矣。夫有刀者砻诸,有玉者错诸;不砻不错,焉攸用?砻而错诸,质在其中矣,否则辍。螾蠕之

字子云,成都人。有《法言》。

子殰而逢蜾蠃,祝之曰:类我类我,久则肖之矣。速哉七十子之肖仲尼也;学以治之,思以精之,朋友以磨之,名誉以崇之,不倦以终之,可谓好学也已矣! 法言学行

(二)务学不如务求师。师者,人之模范也。法言学行

(三)多闻则守之以约,多见则守之以卓;寡闻无约也,寡见无卓也。法言吾子

(四)长卿赋不似从人间来,其神化所至邪?大谛能读千赋则能为之。谚云:伏习众神,巧者不过习者之门。全汉文与桓谭书

(五)雄少而好学,不为章句,训诂通而已。博览无所不见……默而好深湛之思。汉书扬雄传

刘歆

字子骏,向子,有《七略》等。

缀学之士,犹欲抱残守缺,挟恐见破之私意,而无从善服义之公心;或怀妒嫉,不考情实,雷同相从,随声是非……岂不哀哉! 移让太常博士书

包咸

字子良,会稽人。

(一)学不寻思其义,则茫然无所得。论语正义为政第二

(二)学问,知之者,不如好之者笃;好之者,不如乐之者深。论语正义雍也第六

王充

（一）世信虚妄之书，以为载于竹帛上者，皆圣贤所传，无不然之事，故信而是之，讽而读之。睹真是之传，与虚妄之书相违，则并谓短书不可信用。夫幽冥之实尚可知，沉隐之情尚可定，显文露书，是非易见，笼总并传，非实事，用精不专，无思于事也。论衡书虚

（二）王充家贫无书，常游洛阳市肆，阅所卖书，一见即能诵忆，遂博通众流百家之言。后汉书王充传

字仲任，上虞人。有《论衡》。

班固

艺由己立，名自人成。班兰台集与弟超书

字孟坚，安陵人。有《汉书》。

李尤

听政理事，息则览书；倾倚偃息，随体兴居。寤心起意，犹愈宴娱。读书枕铭

字伯仁，广汉雒人。

王符

（一）是故工欲善其事，必先利其器；士欲宣其义，必先读其书。《易》曰："君子以多志前言往行，以畜其德。"是以人之有学也，犹物之有治；故夏后之璜，楚和之璧，虽有玉璞卞和之资，不琢不错，不离砾石；夫瑚簋之器，朝祭之服，其始也乃山野之木，蚕茧之丝耳。使巧倕加绳墨，而制之以斤斧，女工加五色，而制之以机

字节信，临泾人。有《潜夫论》。

杅,则皆成宗庙之器,黼黻之章,可羞于鬼神,可御于王公;而况君子敦贞之质,察敏之才,摄之以良朋,教之以明师,文之以《礼乐》,导之以《诗书》,赞之以《周易》,明之以《春秋》,其不有济乎？<small>潜夫论赞学</small>

（二）索物于夜室者,莫良于火;索道于当时者,莫良于典。典者,经也,先圣之所制。先圣得道之精者,以行其身,欲贤人自勉以入于道。故圣人之制经以遗后贤也,譬犹巧倕之为规矩准绳以遗后世也。<small>潜夫论赞学</small>

（三）博学多识,疑则思问。<small>潜夫论叙录</small>

（四）凡士之学,贵本贱末。大人不华,君子务实。<small>潜夫论叙录</small>

赵岐

<small>字邠卿,长陵人。有《孟子章句》。</small>

（一）孟子长于譬喻,辞不迫切,而意已独至,其言曰:"说诗者不以文害辞,不以辞害志,以意逆志,是为得之。"斯言殆欲使后人深求其意,以解其文,不但施于说诗也。<small>孟子题辞</small>

（二）广学悉其微言而说之者,将以约说其要;意不尽知,则不能尽说之也。<small>孟子离娄注</small>

郑玄

<small>字康成,高密人。注《诗》《礼》等书。</small>

（一）所学者圣人之道,在方策。<small>礼记学记注</small>

（二）先易后难,以渐入。<small>礼记学记注</small>

（三）学不心解，则忘之易。礼记学记注

（四）思而得之则深。礼记学记注

（五）时过则思放也。礼记学记注

（六）《礼运》讲学以耨之注曰：存是去非类也。礼记礼运注

（七）既知今，亦当知古。诗般正义引郑志

（八）天下之事，以前验后，其不合者，何可悉信。是故悉信亦非，不信亦非。诗生民正义引郑志

（九）虽知，犹问之，重慎也。仪礼士昏礼注

（十）郑康成《诫子书》云"念述先圣之元意"，此自言其所学也。其论学之语，则《学记》注有云："所学者圣人之道，在方策。"孔疏云："郑恐所学惟小小才艺之事，故云所学者圣人之道。"澧（陈澧）谓郑恐学者向壁虚造，故又云在方策也。郑君论学大旨盖如此。东塾读书记

荀悦

字仲豫，颍阴人。有《汉纪申鉴》等。

季路之言："何必读书，然后为学。"棘子成曰："君子质而已矣，何以文为？"夫潜地窟者，而不睹天明；守冬株者，而不识夏荣，非通炤之术也。然博览之家，不知其秽，兼而善之，是大田之莠，与苗并兴，则良农之所悼也。质朴之士，不择其美，兼而弃之，是昆山之玉，与石俱捐，则

卞和之所痛也。故孔子曰："博学于文，约之以礼；亦可以弗畔矣夫。"荀侍中集经籍论

徐幹

字伟长，北海人。有《中论》。

（一）独思则滞而不通，独为则困而不就。中论治学

（二）凡学者大义为先，物名为后，大义举而物名从之。然鄙儒之博学也：务于物名，详于器械，考于训诂，摘其章句，而不能统其大义之所极，以获先王之心。此无异乎女史诵诗，内竖传令也。中论治学

三国

诸葛亮

夫学须静也,才须学也。非学无以广才,非静无以成学。慆慢则不能励精,险躁则不能治性。诫子书

> 字孔明,蜀阳都人。有《诸葛忠武侯集》。

董遇

人有从学者,遇不肯教,而云:"必当先读百遍。"言读书百遍,而义自见。从学者云:"苦渴无日。"遇言当以三余。或问三余之意?遇言冬者岁之余,夜者日之余,阴雨者时之余也。三国志王朗传裴注

> 字季直,魏弘农人。善治《老子》,为作训注。

何晏

(一)不学而思,终卒不得,徒使人精神疲殆。论语集解为政

(二)善有元,事有会,天下殊途而同归,百虑而一致,知其元,则众善举矣,故不待多学而一知。论语集解卫灵公

(三)切问者,切问于己所学未悟之事;近

> 字平叔,宛人。有《论语集解》。

思者，思已所未能及之事。泛问所未学，远思其未达，则于其所习者不精，所思者不解。论语集解子张

孙权

字仲谋，吴郡富春人。三国时为吴主，史称大帝。

江表传曰：初权谓蒙（吕蒙）及蒋钦曰："卿今并当途掌事，宜学问以自开益？"蒙曰："在军中常苦多务，恐不容复读书。"权曰："孤岂欲卿治经作博士邪？但当令涉猎见往事耳。卿言多务，孰若孤？孤少时历《诗》《书》《礼记》《左传》《国语》，惟不读《易》；至统事以来，省三史诸家兵书，自以为大有所益。如卿二人意性朗悟，学必得之，宁当不为乎？宜急读《孙子六韬》《左传》《国语》及三史！孔子言：终日不食，终夜不寝，以思，无益，不如学也。光武当兵马之务，手不释卷；孟德亦自谓老而好学，卿何独不自勉勖邪？"蒙始就学，笃志不倦，其所览见，旧儒不胜。三国志吕蒙传裴注

韦昭

字弘嗣，吴郡人。

盖闻君子耻当年而功不立，疾没世而名不称。故曰："学如不及，犹恐失之。"是以古之志士，悼年齿之流迈，而惧名称之不建也。勉精励操，晨兴夜寐，不遑宁息。经之以岁月，累之以日力。若宁越之勤，董生之笃。渐渍德义之渊，

栖迟道艺之域。……历观古今功名之士,皆有积累殊异之迹,劳神苦体,契阔勤思,平居不堕其业,穷困不易其素,是以卜式立志于耕牧,而黄霸受道于圄圉,终有荣显之福,以成不朽之名。博弈论

晋

杜预

学者原始要终,寻其枝叶,究其所穷。优而柔之,使自求之;餍而饫之,使自趋之。若江海之浸,膏泽之润,涣然冰释,怡然理顺,然后为得也。春秋左氏传序

> 字元凯,杜陵人。有《春秋左氏经传集解》。

虞溥

(一)夫圣人之道淡而寡味,故治学者不好也。及至期月,所观弥博,所习弥多,日闻所不闻,日见所不见;然后心开意朗,敬业乐群,忽然不觉大化之陶己,至道之入神也。故学之染人,甚于丹青。丹青吾见其久而渝矣,未见久学而渝者也。……学者不患才不及,而患志不立。故曰:希骥之马,亦骥之乘;希颜之徒,亦颜之伦也。又曰:锲而舍之,朽木不知;锲而不舍,金石可亏。斯非其效乎?晋书虞溥传

> 字允源,昌邑人。尝注《春秋经传》。

(二)积一勺以成江河,累微尘以崇峻极。匪志匪勤,无由济也。诸生若绝人间之务,心专

亲学,累一以贯之,积渐以进之,则亦或迟或速,或先或后耳。何滞而不通,何远而不至邪？晋书虞溥传

傅玄

字休奕,灵州人。有《傅子》。

人之学者,犹渴而饮河海也；大饮则大盈,小饮则小盈。《傅子》

束皙

字广微,元城人。有《补亡诗》。

耽道先生澹泊闲居,澡练精神,呼吸清虚,抗志云表,戢形陋庐。垂帷帐以隐几,被纨素而读书。抑扬嘈囋,或疾或徐,优游蕴藉,亦卷亦舒。颂《卷耳》则忠臣喜,咏《蓼莪》则孝子悲,称《硕鼠》则贪民去,唱《白驹》而贤士归。是故重华咏诗以终己,仲尼读《易》以终身,原宪潜吟而忘贱,颜回精勤以轻贫,倪宽口诵而芸耨,买臣行吟而负薪。贤圣其犹孳孳,况中才与小人！读书赋

司马越

字元超,晋宗室,封东海王。

东海王越勑子毗曰：夫学之所益者浅,浅之所安者深。闲习礼度,不如式瞻仪形；讽味遗言,不若亲承音旨。晋书王承传

阮瞻

字千里,尉氏人。

读书不甚研求,而默识其要。晋书阮瞻传

字稚川，句容人。有《抱朴子》。

葛洪

（一）夫周公上圣，而日读百篇；仲尼天纵，而韦编三绝；墨翟大贤，载文盈车；仲舒命世，不窥园门。倪宽带经以芸锄，路生截蒲以写书，黄霸抱桎梏以受业，宁子勤夙夜以倍功：故能究览道奥，穷测微言，观万古如同日，知八荒若户庭，考七耀之盈虚，步三五之变化，审盛衰之方来，验善恶于往昔，料玄黄于掌握，甄未兆以如成。故能盛德大业，冠于当世；清芳令闻，播于罔极也。抱朴子勖学

（二）少则志一而难忘，长则神放而易失；故修学务早。及其精专，习与性成，不异自然也。抱朴子勖学

（三）古书虽多，未必尽美，要当以为学者之山渊，使属笔者得采伐渔猎其中。抱朴子钧世

（四）余抄缀众书，撮其精要，用功少而所收多，思不烦而所见博。抱朴子

字世龙，本羯种，称赵帝。

石勒

石勒不知书，使人读《汉书》，闻郦食其劝立六国后，刻印将授之，大惊曰："此法当失！何得遂有天下？"至留侯谏，乃曰："赖有此耳。"世说新语识鉴

字安道，铚人。

戴逵

戴安道就范宣学，视范所为，范读书，亦读

书,范抄书,亦抄书。世说新语巧艺

刘柳

傅迪好读书而不解其义,柳(刘柳)唯读《老子》而已。迪每轻之,柳云:"卿读书虽多而无所解,可谓书簏矣。"时人重其言。晋书刘乔传

字叔惠,洛阳人。

陶潜

好读书,不求甚解;每有会意,辄欣然忘食。五柳先生传

《钝吟杂录》曰:陶公读书,止观大意,不求甚解;所谓甚解者,如郑康成之《礼》,毛公之《诗》也。世人读书,正苦大意未通耳,乃云吾师渊明,不惟自误,更以误人。

本名渊明。字元亮,浔阳柴桑人,有《陶渊明集》。

南北朝（隋　附）

萧钧

字宣礼，齐兰陵人。

钧常手自细书写五经，都为一卷，置于巾箱中，以备遗忘。侍读贺玠问曰："殿下家自有坟索，何须蝇头细书，别藏巾箱中？"答曰："巾箱中有五经，于检阅既易；且一更手写，则永不忘。"诸王闻而争效为巾箱五经。巾箱五经自此始也。南史衡阳元王道度传

陶弘景

字通明，梁秣陵人。有《古今刀剑录》等书。

（一）主善为师，故无常师。鬼谷子忤合注

（二）陶弘景读书万卷，一事不知，以为深耻。田居乙记

梁元帝

姓萧名绎，字世诚，兰陵人。有《金楼子》等书。

凡读书必以五经为本，所谓非圣人之书勿读。读之百遍，其义自见。此外众书，自可泛观耳。正史既见成败得失，此经国之所急。五经之外，宜以正史为先。金楼子

刘勰

字彦和,梁莒人。有《文心雕龙》。

品列成文,有同乎旧谈者,非雷同也,势自不可异也。有异乎前论者,非苟异也,理自不可同也。同之与异,不屑古今。擘肌分理,唯务折衷。_{文心雕龙序志}

袁峻

字孝高,梁阳夏人。

峻早孤,笃志好学,家贫无书,每从人假借,必皆抄写,自课日五十纸,纸数不登,则不休息。_{梁书袁峻传}

王筠

字元礼,梁琅邪人。

余少好抄书,老而弥笃,虽遇见瞥观,皆即疏记,后重省览,欢兴弥深。习与性成,不觉笔倦。_{南史王筠传自序}

李先

字容仁,北魏中山卢奴人。

太祖问先曰:"天下何书最善,可以益人神智?"先对曰:"唯有经书。"_{魏书李先传}

邢邵

字子才,北齐河间鄚人。

邵有书甚多而不甚雠校。见人校书,常笑曰:"何愚之甚!天下书至死读不可遍,焉能始复校此;且误书思之,更是一适。"_{北齐书邢邵传}

刘昼

字孔昭,北齐阜城人。有《刘子》。

(一)学者出于心,心为身之主,耳目候于

外。若心不在学,则听诵不闻,视简不见。如欲练业,必先正心,而后理义入焉。刘子专学

(二)弈秋,通国之善弈者也,当弈之时,有吹笙过者,乍而听之,则弈败矣。非弈道暴深,情有暄暗,笙滑之也。隶首,天下之善算也,有鸣鸿过者,弯弧拟之,将发未发之间,问以三五,则不知也;非三五难算,意有暴昧,鸿乱之也。弈秋之弈,隶首之算,穷微尽数,非有差也;然而心在笙鸿而弈败算挠者,是心不专一,游情外务也。刘子专学

颜之推

<small>字介,北齐临沂人。有《颜氏家训》。</small>

(一)夫所以读书学问,本欲开心明目利于行耳。家训勉学

(二)夫学者,犹种树也;春玩其华,秋登其实。讲论文章,春华也;修身利行,秋实也。人生小幼,精神专利;长成以后,思虑散逸。固须早教,勿失机也。吾七岁时,诵《灵光殿赋》,至于今日,十年一理,犹不遗忘;二十之外,所诵经书,一月废置,便至荒芜矣。然人有坎壈,失于盛年,犹当晚学,不可自弃!家训勉学

(三)《书》曰:"好问则裕。"《礼》云:"独学而无友,则孤陋而寡闻。"盖须切磋,相起明也。见有闭门读书,师心自是,稠人广坐,谬误羞惭

者多矣。家训勉学

（四）夫学者贵能博闻也。郡国、山川、官位、姓族、衣服、饮食、器皿、制度，皆欲根寻，得其原本。家训勉学

（五）观天下书未遍，不得妄下雌黄。或彼以为非，此以为是，或本同末异，或两文皆欠，不可偏信一隅也。家训勉学

（六）借人典籍，皆须爱护，先有缺坏，就为补治，此亦士大夫百行之一也。济阳江禄，读书未竟，虽有急速，必掩卷整齐，然后得起，故无损败，人不厌其求假焉。或有狼藉几案，分散部秩，多为童幼婢妾之所点污，风雨犬（一本作虫）鼠之所毁伤，实为累德。吾每读圣人之书，未尝不肃敬对之，其故纸有《五经》词义，及贤达姓名，不敢秽用也。家训治家

王通

字仲淹，隋龙门人。有《中说》。

（一）不广求，故得；不杂学，故明。中说魏相

（二）学者博诵云乎哉？必也贯乎道。文章苟作云乎哉？必也济乎义。中说天地

唐

唐太宗 _{姓李,名世民,陇西成纪人。}

取法于上,仅得其中;取法于中,不免为下。_{帝范}

孔颖达 _{字仲达,衡水人。有《五经正义》。}

(一)学则博识多闻,知古知今。_{礼记学记正义}

(二)夫学如殖草木也,令人日长日进,犹草木之生枝叶也;不学,则才知日退,将如草木之坠枝叶也。_{左传正义昭公十八年}

刘知几 _{字子玄,彭城人。有《史通》。}

(一)夫自古学者,谈称多矣。精于《公羊》者,尤憎《左氏》;习于太史者,偏嫉孟坚。夫能以彼所长,而攻此所短,持此之是,而述彼之非,兼善者鲜矣。又观世之学者,或耽玩一经,或专精一史,谈《春秋》者,则不知宗周既陨,而人有六雄;论《史》《汉》者,则不悟刘氏云亡,而地分三国;亦犹武陵隐士,灭迹桃源,当此晋年,犹谓暴秦之地。假有学穷千载,书总五车,见良直而

不觉其善，逢牴牾而不知其失，葛洪所谓藏书之箱箧，五经之主人，而夫子有云："虽多亦安用为？"其斯之谓也。史通杂说下

浦起龙按：此条谓读书颛泥一家，局护偏遗，自亦一病。至若博涉群书，而胸迷苍素，又为徒读矣。

（二）自小观书，喜谈名理，其所悟者，皆得之襟腑，非由染习。故始在总角，读班、谢两《汉》，便怪前书不应有《古今人表》，后书宜为更始立纪，当时闻者共责以为童子何知，而敢轻议前哲；于是赧然自失，无辞以对。其后见张衡、范晔集，果以二事为非；其有暗合于古人者，盖不可胜纪。始知流俗之士，难与之言。凡有异同，蓄诸方寸；及年已过立，言悟日多。史通自序

张参

德宗时名儒。

张参年老，常手写九经，以为读书不如写书。渊鉴类函

孟郊

字东野，武康人。有《孟东野集》。

击石乃有火，不击元无烟。人学始知道，不学非自然。万事须已运，他得非我贤。青春须早为，岂能长少年！劝学诗

韩愈

字退之，昌黎人。有《韩昌黎集》。

（一）古之学者必有师。师者，所以传道、

受业、解惑也。人非生而知之者,孰能无惑?惑而不从师,其为惑也,终不解矣。生乎吾前,其闻道也,固先乎吾,吾从而师之;生乎吾后,其闻道也,亦先乎吾,吾从而师之。吾师道也,夫庸知其年之先后生于我乎?是故无贵、无贱、无长、无少,道之所存,师之所存也。_{师说}

(二)业精于勤,荒于嬉;行成于思,毁于惰。_{进学解}

(三)先生口不绝吟于六艺之文,手不停披于百家之编,记事者必提其要,纂言者必钩其玄。贪多务得,细大不捐。焚膏油以继晷,恒兀兀以穷年。_{进学解}

(四)将蕲至于古之立言者,则无望其速成,无诱于势利,养其根而俟其实,加其膏而希其光。根之茂者其实遂,膏之沃者其光烨。仁义之人,其言蔼如也。抑又有难者,愈之所为,不自知其至犹未也。虽然,学之二十余年矣!始者非三代两汉之书不敢观,非圣人之志不敢存。处若忘,行若遗,俨乎其若思,茫乎其若迷。当其取于心而注于手也,惟陈言之务去,戛戛乎其难哉。其观于人,不知其非笑之为非笑也,如是者亦有年,犹不改。然后识古书之正伪,与虽正而不至者焉,昭昭然白黑分矣,而务去之,乃徐有得也。当其取于心而注于手也，汩汩然来矣！其观于人也，笑之则以为喜，誉之则以为忧，以其犹有人之说者存也，如是者亦有年，然后浩乎其沛然矣！吾又惧其杂也，迎而距之，平心而察之，其皆醇也，然后肆焉。虽然，不可以不养也，行之乎仁义之途，游之乎《诗书》之源，无迷其途，无绝其源，终吾身而已矣。气，水也；言，浮物也；水大而物之大小毕浮。气之与言犹是也，气盛，则言之短长，与声之高下者皆宜。答李翊书

（五）手披目视，口颂其言，心惟其义。上襄阳于相公书

（六）性本好文学；因困厄悲愁，无所告语，遂得究穷于经传《史记》百家之说，沉潜乎训义，反复乎句读，砻磨乎事业，而奋发乎文章。上兵部李侍郎书

（七）读书以为学，缵言以为文，非以夸多而斗靡也。盖学所以为道，文所以为理耳。苟行事得其宜，出言适其要，虽不吾面，吾将信其富于文学也。送陈秀才彤序

柳宗元

（一）本之《书》以求其质，本之《诗》以求其恒，本之《礼》以求其宜，本之《春秋》以求其断，

字子厚，河东解人。有《柳河东集》。

本之《易》以求其动,此吾所以取道之原也。参之《穀梁氏》以厉其气,参之《孟》《荀》以畅其支,参之《庄》《老》以肆其端,参之《国语》以博其趣,参之《离骚》以致其幽,参之《太史》以著其洁,此吾所以旁推交通而以为之文也。答韦中立书

(二)大都文以行为本,在先诚其中。其外者当先读六经,次《论语》孟轲书,皆经言;左氏《国语》庄周屈原之辞,稍采取之;穀梁子,太史公,甚峻洁,可以出入,余书俟文成异日讨也。其归在不出孔子。报袁君陈秀才避师名书

李翱

字习之,赵郡人,一作成纪人。有《李文公集》。

其读《春秋》也,如未尝有《诗》也;其读《诗》也,如未尝有《易》也;其读《易》也,如未尝有《书》也;其读屈原、庄周也,如未尝有六经也。答王载言书

皇甫湜

字持正,新安人。有《皇甫持正集》。

诗未有刘长卿一句,已呼阮籍为老兵矣!笔语未有骆宾王一字,已骂宋玉为罪人矣!书字未识偏傍,高谈稷、契;读书未知句度,下视服、郑。此时之大病。答李生第二书

白居易

字乐天,下邳人。有《白氏长庆集》。

读书者以五代典谟为旨,不专于章句、诂训之文也。策林

魏谟

谟尝钞撮子书,以类相从,二十卷,号曰《魏氏手略》。_{旧唐书魏谟传}

字申之,钜鹿人。

卢仝

寻义低作声,便可养年寿。莫学村学生,粗气强叫吼。_{寄男抱孙诗}

号玉川子,济源人。有《诗集》。

皮日休

文学之于人也,譬乎药,善服有济,不善服反为害。_{鹿门隐书}

字袭美,襄阳人。有《皮子文薮》。

宋

田锡

圣人之道,布在方册。六经则言高旨远,非讲求讨论,不可测其渊源。诸史则迹异事殊,非参会异同,岂能记其繁杂。子书则异端之说胜,文集则宗经之辞寡。非猎精义以为鉴戒,举纲要以观会通。为日览之书,资日新之德,则虽白首未能穷经。<small>宋史田锡传太平御览序</small>

<small>字表顺,洪雅人。有《咸平集》。</small>

邢昺

(一)人之才学,贵于适用。若多学而不能用,则如不学也。<small>论语正义子路</small>

(二)旧所得者,温寻使不忘,是温故也;素所未知,学使知之,是知新也。既温寻故者,又知新者,则可以为人师矣。<small>论语正义为政</small>

<small>字叔明,曹州济阴人。有《论语正义》。</small>

宋绶

宋宣献博学喜藏异书,皆手自校雠。常谓校书如扫尘,一面扫,一面生。故有一书每三四校,犹有脱谬。<small>梦溪笔谈卷二十五</small>

<small>字公垂,平棘人。卒谥宣献。</small>

欧阳修

（一）作诗须多诵古今人诗，不独诗尔，其他文字皆然。试笔

（二）玉不琢，不成器；人不学，不知道。然玉之为物，有不变之常德，虽不琢以为器，而犹不害为玉也。人之性因物则迁，不学则舍君子而为小人，可不念哉！笔说诲学说

（三）顷岁孙莘老识欧阳文忠公，尝乘间以文字问之。云："无他术，唯勤读书，而多为之，自工。世人患作文字少，又懒读书，每一篇出即求过人，如此少有至者。疵病不必待人指摘，多作自能见之。"此公以其尝试告人，故尤有味。志林记六一语

（四）永叔谓为文有三多：看多，做多，商量多也。后山诗话

字永叔，庐陵人。有《欧阳文忠集》。

苏舜钦

苏子美客外舅杜祁公家，每夕读书以一斗为率。密觇之，子美读《汉书·张良传》，至良与客狙击秦皇帝，抚掌曰："惜乎击之不中！"遂满引一大白。又读至良曰："始臣起下邳，与上会于留，此天以授陛下。"又抚案曰："君臣相遇，其难如此！"复举一大白。公笑曰："有如此下酒物，一斗不足多也。"陈继儒读书十六观

字子美，铜山人。有《苏学士集》。

> 字明允,眉山人。有《嘉祐集》。

苏洵

洵少年不学,生二十五岁,始知读书,从士君子游。年既已晚,而又不遂刻意厉行,以古人自期;而视与己同列者,皆不胜己,则遂以为可矣。其后困益甚,然后取古人之文而读之,始觉其出言用意,与己大异。时复内顾,自思其才,则又似夫不遂止于是而已者。由是尽烧其曩时所为文数百篇,取《论语》《孟子》《韩子》,及其他圣人贤人之文,而兀然端坐,终日以读之者,七八年矣。方其始也,入其中而惶然,博观于其外而骇然以惊;及其久也,读之益精,而其胸中豁然以明。若人之言固当然者,然犹未敢自出其言也。时既久,胸中之言日益多,不能自制,试出而书之,已而再三读之,浑浑乎觉其来之易矣。然犹未敢以为是也。上欧阳内翰书

> 字尧夫,范阳人。有《击壤集》。

邵雍

(一)学必量力,量力故能久。皇极经世外篇

(二)天下言读书者不少,能读书者少。若得天理真乐,何书不可读?何坚不可破?何理不可精?宋元学案

(三)多闻择其善者而从之。虽多闻必择善而从之,多见而识之。识,别也。虽多见必有以别之。宋元学案

（四）康节曰：学不至于乐，不可谓之学；又学在不止。故《文中子》云：没身而已，即曾子死而后已之说。庶斋老学丛谈

（五）康节先生劝学曰：二十岁之后，三十岁之前，朝经暮史，昼子夜集。困学纪闻

周敦颐

字茂叔，营道人。有《通书》。

（一）圣可学乎？曰可。曰有要乎？曰有。请闻焉，曰一为要。一者，无欲也。无欲则静虚动直：静虚则明，明则通；动直则公，公则溥。明通公溥，庶矣乎！通书圣学

（二）思者圣功之本。通书思

（三）志伊尹之志，学颜子之所学，过则圣，及则贤，不及则亦不失于令名。通书志学

司马光

字君宝，陕州夏人。有《资治通鉴》《传家集》。

（一）司马温公幼时，患记问不若人，群居讲习，众兄弟既成诵游息矣，独下帷绝编，迨能倍讽，乃止。用力多者收用远，其所精诵，乃终身不忘也。温公尝言："书不可不成诵，或在马上，或中夜不寝时，咏其文，思其义，所得多矣。"吕氏家塾记

（二）司马温公尝为某言：学者读书，少能自第一卷读至卷末；往往或从中，或从末，随意读起，又多不能终篇。光性最专，犹尝患如此。

从来惟见何涉学士案上,惟置一书读之,自首至尾,正错校字,以至终篇;未终,誓不他读。明道杂志

（三）温公读书堂置文史万余卷,晨夕披阅,虽数十年皆新,若未经手触者。尝诫其子曰:"贾竖藏货财,儒家惟书耳,当知宝惜。吾每岁视晴明日,即设案向日侧,列群书其上,以暴其胸。若欲看,必先视几案净洁,藉以茵褥,然后启卷看之。或欲行看,即承以方版,未尝手汗沾渍。每看毕一页,即以右手大指与点盐指轻轻揭过,故不至揉熟其纸。每见汝辈以指爪撮起,或以双指用唾挟起,甚非珍重之意。浮图老氏,犹知尊敬其书,吾儒反不如耶! 汝曹念之!"

读书作文谱卷之十二

曾巩

字子固,南丰人。有《南丰类稿》。

陈后山初携文卷见南丰先生。先生问曰:"曾读《史记》否?"后山对曰:"自幼年即读之矣。"南丰曰:"不然,要当且置他书,熟读《史记》三两年尔!"如南丰之言读之,后再以文卷见南丰,南丰曰:"如是足也。"王氏余师录

张载

字子厚,郿人,有《正蒙》。

（一）学者不论天资美恶,亦不专在勤苦,但观其趣向着心处如何。经学理窟

（二）为学大益，在自能变化气质；不尔卒无所发明，不得见圣人之奥。故学者先须变化气质；变化气质，与虚心相表里。经学理窟

（三）学贵心悟，守旧无功。经学理窟

（四）观书必总其言，而求作者之意。经学理窟

（五）学愈博则义愈精微，舜好问，好察迩言，皆所以尽精微也。经学理窟

（六）书多阅而好忘者，只为理未精耳。经学理窟

（七）读书少，则无由考校得义精。盖书以维持此心，一时放下，则一时德性有懈。读书则此心常在，不读书则终看义理不见。书须成诵。精思多在夜中，或静坐得之，不记则思不起。但须通贯得大原后，书亦易记。所以观书者，释己之疑，明己之未达，每见每知所益，则学进矣。于不疑处有疑，方是进矣。经学理窟

（八）义理有疑，则濯去旧见，以来新意。心中苟有所开，即便劄记，不思则还塞之矣。更须得朋友之助。经学理窟

（九）不知疑者，只是不便实作；既实作，则须有疑。必有不行处，是疑也。譬之通身，会得一边，或理会一节未全，则须有疑。是问是学处

也,无则只是未尝思虑来也。经学理窟

(十)在可疑而不疑者,不曾学,学则须疑。譬之行道者,将之南山,须向道路之出自,若安坐,则何尝有疑。经学理窟

(十一)人能不疑,便是德进。盖已于大本处不惑,虽未加工,思虑必常在此,积久自觉渐变。学者恶其自足,足则不复进。经学理窟

(十二)有志于学者都更不论气之美恶,只看志如何。匹夫不可夺志也,惟患学者不能坚勇。语录

(十三)多求新意以开昏蒙。吾学不振,非强有力者不能自奋。语录

(十四)凡观书,不可以相类泥其义;不尔,则字字相梗。当观其文势上下之意,如充实之谓美,与《诗》之言美轻重不同。语录

王安石

字介甫,临川人。有《临川集》。

读经而已,则不足以知经。故某自百家诸子之书,至于《难经》、《素问》、《本草》、诸小说,无所不读;农夫女工,无所不问;然后于经为能知其大体而无疑。盖后世学者,与先王之时异矣,不如是不足以尽圣人故也。扬雄虽为不好非圣人之书,然于《墨》、《晏》、《邹》、《庄》、《申》、《韩》亦何所不读?彼致其知而后读,以有所去

取,故异学不能乱,故能有所去取者,所以明吾道而已。答曾子固书

陈烈

字季慈,侯官人。

昔陈烈先生苦无记性。一日读《孟子》"学问之道无他,求其放心而已矣!"忽悟曰:"我心不曾收得,如何记得书?"遂闭门静坐,不读书百余日,以收放心,却去读书,遂一览无遗。朱子语类

李潜

字君行,虔人。

(一)学圣人者,但自用意经书中,心既有所主,则散学诸书,方圆轻重皆为规矩权衡所正。宋元学案

(二)读书不要看别人解。看圣人之言易晓,看别人解则愈惑。宋元学案

孙觉

字莘老,高邮人,有《易传》《春秋传》。

孙莘老喜读书,晚年病目,乃择卒伍中识字稍解者二人,授以句读。每瞑目危坐,命二人更读于旁,终一,则易一人,饮之酒一杯使退,卒亦自喜。可为老年读书法。醉翁寐语

徐积

字仲车,山阳人。有文集语录。

节孝先生徐积因读《史记·货殖列传》,见"人弃我取,人取我与",遂悟作文之法。读书法汇引喻元德语

苏颂

字子容,晋江人。

非学何立?非书何习?终以不倦,圣贤可及。困学纪闻

程颢

字伯淳,洛阳人。与弟颐所作合刊曰《二程全书》。

(一)学只要鞭辟近里著己而已。语录

(二)学者须敬守此心,不可急迫:当栽培深厚,涵泳于其间,然后可以自得;但急迫求之,终是私己,终不足以达道。语录

(三)人之学不进,只是不勇。语录

(四)性静者可以为学。语录

(五)世有以读书为文为艺者,曰:为文谓之艺,犹可也;读书谓之艺,则求诸书者浅矣。语录

(六)所守不约,泛滥无功。语录

(七)明道先生善言诗,他又浑不曾章解句释,但优游玩味,吟哦上下,便使人有得处。上蔡语录

程颐

字正叔,颢弟。有《易传》文集等书。

(一)涵养须用敬,进学在致知。语录

(二)人思如涌泉,汲之愈新。语录

(三)学者先要会疑。语录

(四)古人学者优柔厌饫,有先后次第;今之学者,却做一场说话,务高而已。语录

（五）穷理亦有多端，或读书讲明义理；或论古今人物，别其是非；或应接事物，而处其当然，皆穷理也。或问格物，须物物格之，还是格一物而万物皆知？曰怎生便会该通，若只格一物，便通众理，虽颜子亦不能如此道。须是今日格一件，明日格一件，积习既多，然后脱然有贯通处。语录

（六）或问如何学可谓之自得？曰大凡学问，闻之知之者皆不为得；得者，须默识心通。语录

（七）自得者所守固，而自信者所行不疑。语录

（八）学莫贵于自得，非在外也，故曰自得。语录

（九）懈心一生，便自暴自弃。语录

（十）学者不泥文义者，又全背却远去；理会文义者，又滞泥不通。如子濯孺子为将之事，孟子只取其不背师之意，人须就上面理会事君之道如何也？又如万章问舜完廪浚井事，孟子只答他大意，人须要理会浚井如何出得来？完廪又怎生下得来？若此之学，徒费心力！语录

（十一）不深思则不能造于道。不深思而得者，其得易失。然学者有无思无虑而得者，何也？

以无虑无思而得者,乃所以深思而得之也。以无思无虑为不思,而自以为得者,未之有也。语录

(十二)学者不可不通世务。天下事譬如一家,非我为,则彼为;非甲为,则乙为。语录

(十三)今人不会读书。如"诵《诗》三百,授之以政,不达;使于四方,不能专对,虽多亦奚以为!"须是未读《诗》时,不达于政,不能专对,既读《诗》后,便达于政,能专对四方,始是读书。人而不为《周南》《召南》,其犹正墙面而立,须是读了后便不面墙,方是有验。近思录

蒲宗孟

字传正,新井人。

寒可无衣,饥可无食,至于书不可一日失!
困学纪闻

苏轼

字子瞻,洵子,有《东坡集》。

(一)象、犀、珠、玉、怪珍之物,有悦于人之耳目,而不适于用。金、石、草、木、丝、麻、五谷、六材,有适于用,而用之则弊,取之则竭。悦于人之耳目,而适于用;用之而不弊,取之而不竭;贤不肖之所得,各因其才;仁智之所见,各随其分;才分不同,而求无不获者,其惟书乎!李氏山房藏书记

(二)旧书不厌百回读,熟读深思子自知。
送安惇秀才失解西归

（三）嘲子由云："堆几尽埃简，攻之如蠹虫，谁知圣人意，不在古书中。"苏东坡集

（四）李方叔云：东坡教人读《战国策》，学说利害；读贾谊晁错赵充国章疏，学论事；读《庄子》，学论理性。又须熟读《论语》《孟子》《檀弓》，要志趣正当；读《韩》《柳》，令记得数百篇，要知作文体面。韩昌黎集叙说

（五）东坡与王郎书曰：少年为学者，每一书皆作数次读之。当如入海百货皆有，凡人之精力不能兼收尽取，但得其所欲求者耳。故愿学者每次作一意求之；如欲求古人兴亡治乱圣贤作用，且只作此意求之，勿生余念；又别作一次求事迹文物之类，亦如之。他皆仿此。若学成，八面受敌，与慕涉猎者不可同日而语。朱子语类引裘夫诗话

（六）有人问苏文忠公（轼）曰："公之博洽可学乎？"曰："可，吾读《汉书》盖数过而始尽之。如治道、人物、地理、官制、兵法、货财之类，每一过博求一事，不待数过而事事精核矣。参伍错综，八面受敌，沛然应之而莫御焉。"田居乙记

（七）或问苏子瞻读书之法，苏曰：读书如钱谷兵农及诸事物之类，每一事作一次理会，可以终身不忘。子瞻非强记者，即此可见。以余

论之,长公所言实读书要法,第颇费工力耳。子瞻尝问一后进,近读何书?其人答读某书。子瞻辄问其中有某好亭子?其人愕然罔措,不知子瞻所问,即前意也。少室山房笔丛卷三十九

(八)东坡谪黄州,日课手钞《汉书》,自言读《汉书》凡三钞:初则一段事钞,三字为题;次则两字;今则一字。朱司农载上谒坡,乞观其书,坡云:"足下试举题一字。"公如其言,坡应声辄诵数百言,无一字差缺。凡数挑皆然。公他日以语其子新仲曰:"东坡尚如此,中人之性,岂可不勤读书!"新仲尝以是诲其子辂叔旸云。耆旧续闻

(九)古人文章,不可轻易,反复熟读,加意思索,庶几其见之。东坡《送安惇落第诗》云:"故书不厌百回读,熟读深思子自知。"仆尝以此语铭坐右而书诸绅也。东坡在海外,方盛称柳柳州诗,后尝有人得罪过海,见黎子云秀才,说海外绝无书,适渠家有柳文,东坡日久玩味。嗟乎!虽东坡观书,亦须着意研穷,方见用心处耶?许彦周诗话

苏辙

字子由,轼弟。有《栾城集》。

(一)公曰:"读书须学为文,余事作诗人耳。"栾城先生遗言

（二）公曰："读书百遍，经义自见。"栾城先生遗言

（三）元祐间，公（苏辙）及苏子容、刘贡父同在省中，二人各云："某辈少年所读书，老而遗忘。"公亦云然。贡父云："观君为文，强记甚敏。"公辞焉。二人皆曰："某等自少记忆书籍，不免抄节，而后稍不忘；观君家昆仲，未尝抄节，而下笔引据精切，乃真记得者也。"栾城先生遗言

（四）栾城云：看书如服药，药多力自行。
陈继儒读书十六观

黄庭坚

字鲁直，分宁人。有《山谷集》。

（一）大率学者喜博而常病不精；泛滥百书，不若精于一也。有余力然后及诸书，则涉猎诸篇亦得其精。盖以我观书，则处处得益；以书博我，则释卷而茫然。与李几仲帖

（二）读书欲精不欲博，用心欲纯不欲杂。读书务博，常不尽意；用心不纯，讫无全功。治经之法，不独玩其文章，谈说义理而已；一言一句，皆以养心冶性，事亲从政，取友接物，得失忧乐，一考之于书，然后尝古人之糟粕而知味矣。书赠韩琼秀才

（三）凡读书法要以经为主。经术深邃，则观史易知人之贤不肖；遇事得失，易以明矣。又

读书先务精而不务博；有余力乃能纵横。先正读书诀

（四）古人有言曰："并敌一向千里，杀将要须心地收汗马之功。"读书乃有味。弃书而游息时，书味犹在心中，久之乃见古人用心处。如此，则尽心一两书，其余如破竹数节，皆迎刃而解也。先正读书诀

秦观

字少游，高邮人。有《淮海集》。

予少时读书，一见辄能诵，暗疏之亦不甚失。然负此自放，喜从滑稽饮酒者游，旬朔之间，把卷无几日。故虽有强记之力，而常废于不勤。比数年来颇发愤，自惩艾，悔前所为，而聪明衰耗，殆不如曩时十一二。每阅一事，必寻绎数终，掩卷茫然，辄不复省。虽有勤苦之劳，而常废于善忘。比读《齐史》（即《北齐书》），见孙搴答邢邵云："我精骑三千，足敌君羸卒数万。"心善其说，因取经传子史事之可为文用者，得若干条，勒为若干卷，题曰《精骑集》云。噫！少而不勤，则无如之何矣！长而善忘，庶几以此补之！精骑集序

黄履

字安中，邵武人。

安中方精专读书，早晨经书每授五百遍，饭后史书可诵者百遍，夜读子书每授三百遍。每读书危坐不动，句句分明。吕氏童蒙训

赵孝孙

字仲修。

李彦平曰：宣和庚子，某入辟雍，同舍赵孝孙仲修，伊川先生高弟，赵颜子之子也，于某有十年之长。辛丑春同试南宫，仲修中选，而某被黜，仲修勉之曰："公盛年一跌何伤，姑归读书可也。"某意不怿，赵曰："公颇读《论语》否？"即应之曰："三尺之童，皆读此，何必某？"仲修笑曰："公既知读此，且道学而时习之以何者为学？"某茫然不知所对，仲修徐曰："所谓学者，非记问诵说之谓，非缔章绘句之谓，所以学圣人也。既欲学圣人，自无作辍。出入起居之时，学也；饮食游观之时，学也；疾病死生之时，亦学也。人须是识得造次必于是，颠沛必于是，立则见其参于前，在舆则见其倚于衡也，方可以学圣人。"某闻其言，顿若有悟，请益曰："为学之道，敬闻命矣。敢问事业何如？"仲修曰："事业正自为学中来，只如作一郡，行得《论语》中三句，便用之不尽。"彦平曰："愿闻之！"仲修曰："敬事而信，节用而爱人，使民以时是也。"彦平佩服其言，每曰："吾平生操心行己，立朝事君，皆赵君之言有以发之。"焦氏笔乘仲修劝读论语

刘安世

字器之，魏人，有《尽言集》。

先生（即安世）……尝记东坡自言：少时与

其父并弟同读郑公《使北语录》,至于说大辽国主云:"用兵则士士物故,国君受其害;爵赏日加,人民受其利。故凡北朝之臣,劝用兵者,乃自为计,非为北朝之计也。辽主明知利害所在,故不用兵。"三人皆叹其言,以为明白而切中事机。时老苏谓二子曰:"古人有此意否?"东坡对曰:"严安亦有此意,但不如此明白。"老苏笑以为然。先生又云:前辈读书,例皆如此。故谓之学问必见于用乃可贵,不然,即腐儒耳。武帝时,严安上书谏用兵,其略云:"今徇南夷,朝夜郎,深入匈奴,燔其龙城,议者美之。此人臣之利,非天下之长策也。"郑公之言,其源出此。元城语录卷下

杨时

字中立,将乐人。有《二程粹言》及《龟山集》。

(一)含其英,茹其实;精于思,贯于一。书箴

(二)龟山杨氏语罗仲素曰:某尝有数句教学者读书之法云:以身体之;以心验之,从容默会于幽闲静一之中;超然自得于书言象意之表。盖某所自为者如此。性理大全

(三)杨龟山曰:学者须有所疑,乃能进德;然须用力深方有疑。今世之士,读书为学,盖自以为无可疑者,故其学莫能相尚。人谱类记

吕希哲

（一）荥阳公（即希哲）尝言，少年为学，唯检书最有益；才检便记得精，便理会得子细。吕氏童蒙训

（二）又尝言，读书编类，语言相似者事做一处，便见优劣是非。吕氏童蒙训

（三）荥阳公教学者读书，须要字字分明，每句最下一字，尤须声重而记牢。吕氏童蒙训

（四）少年为学，惟检书最有益；记得精，便理会得子细。宋元学案

字原明，河南人。有《吕氏杂记》。

王苹

王信伯云：读书须是玩味，如一奇物，朝夕玩爱，必自知之，不可迫切也。吕本中师友杂志

字信伯，福清人。有《王著作集》。

晁说之

（一）博学而不阙疑，则诬先哲而欺后生。宋元学案

（二）读书编类，语言相似作一处，便见优劣是非。宋元学案

字以道，澶州人。有《论语讲义》《景迂生集》。

陈瓘

（一）学者非徒读诵言语，撰缀文字而已，将以求吾之放心也。故《大畜》之卦曰："君子以多识前言往行，以畜其德。"所谓识者，识其是非也，识其邪正也，如是故能畜其德。宋元学案

字莹中，南剑州人，有《尊尧集》。

（二）学者读书，须要字字分明。宋元学案

罗从彦

字仲彦，南剑人。有《豫章文集》。

学道以思为主。孟子曰："心之官则思。"《书》曰："思则睿，睿作圣。""惟狂克念作圣。"佛家一切反是。宋元学案

吕本中

原名大中，字居仁，寿州人。有《童蒙训》《东莱诗集》。

（一）前辈尝说，后生才性过人者不足畏，惟读书寻思推究为可畏耳。又云，读书只怕寻思，盖义理精深，惟寻思用意为可以得之，卤莽厌烦者决无有成之理。《论语》"温故而知新"，先儒以为温，寻也；寻绎故者，又知新者。"学而不思则罔"，先儒以为学不寻思其义，则罔然无所得。寻绎寻思，就先儒分上，所得已多，况真能寻绎寻思者乎？紫微杂说

（二）李君行、田明之俱说，读书须是不要看别人解者。圣贤之言易晓，看解说则愈惑矣。田诚伯说，不然，须是先看古人解，但不当有所执，择其善者从之。若都不看，不知用多少工夫，方可到先儒见处也。吕氏童蒙训

（三）田诚伯言，读书须是尽去某人说，某人说之心，然后经可穷矣。吕氏童蒙训

（四）作文不可强为，须遇事乃作。须是发于既溢之余，流于已足之后，方是极头。所谓既

溢已足者,必从学问该博中来也。着旧续闻

李清照

余性偶强记,每饭罢,坐归来堂,烹茶,指堆积书史,言某事在某书某卷第几页第几行,以中否角胜负为饮茶先后。中即举杯大笑,至茶倾覆怀中,反不得饮而起。金石录后序

号易安居士,济南人,赵明诚之妻。有《漱玉词》。

宋高宗

高宗尝御书《汉光武纪》赐执政徐俯曰:"卿劝朕读《光武纪》,朕思读十遍,不如写一遍。今以赐卿。"圣学之勤如此。鹤林玉露卷一

姓赵,名构,字德基,涿郡人。

李侗

(一)读书知其所言莫非吾事,而即吾身以求之,则凡圣贤所至,而吾所未至者,皆可勉而进矣。若只求之文字,以资诵说,其不为玩物丧志者几希! 宋史李侗传

字愿中,南剑人。有《延平答问》及《语录》。

(二)李氏延平曰:"读书如炼丹,初时烈火煅炼,渐渐慢火养,反复玩味,道理自出。"读书说约卷一

胡宏

(一)凡有疑,则精思之,思精而后讲论,乃能有益。若见一义,即立一说,初未尝求大体,权轻重,是谓穿凿。穿凿之学,终身不见圣人之用。宋元学案

字仁仲,崇安人。有《知言》《皇王大纪》等书。

(二)学欲博,不欲杂;守欲约,不欲陋。杂似博,陋似约,学者不可不察也。宋元学案

张九成

字子韶,钱塘人。有《孟子传》《横浦集》。

(一)朋友讲习,固天下乐事,不幸独学,则当尚友古人可也。故读《论语》如对孔门圣贤,读《孟子》如对孟子,读杜诗苏文,则又凝神静虑,如目击二公,如此用心,虽千载之下,可以见千载之人矣。性理大全

(二)论观史曰:如看唐朝事,则若身预其中。人主情性如何？所命相如何？当时在朝士大夫孰为君子？孰为小人？其处事孰为当？孰为否？皆令胸次晓然,可以口讲而指画,则机会圆熟,他日临事必过人矣。凡前可喜可愕之事,皆当蓄之于心。以此发之笔下,文章不为空言矣。性理大全

郑耕老

字榖叔,莆田人。有《诗易中庸》《洪范论孟》训释。

立身以力学为先,力学以读书为本。今取六经及《论语》《孟子》《孝经》以字计之,《毛诗》三万九千二百二十四字,《尚书》二万五千七百字,《周礼》四万五千八百六字,《礼记》九万九千二十字,《周易》二万四千二百七字,《春秋左氏传》一十九万六千八百四十五字,《论语》一万二千七百字,《孟子》三万四千六百八十五字,《孝

经》一千九百三字,大小九经合四十八万九十字。且以中材为率,若日诵三百字,不过四年半可毕;或以天资稍钝,中材之半,日诵一百五十字,亦止九年可毕。苟能熟读而温习之,使入耳著心,久不忘失,全在日积之功耳。里谚云:"积丝成寸,积寸成尺,寸尺不已,遂成为匹。"此语虽小,可以喻大,后生其勉之! 宋元学案读书说

王十朋

王状元(十朋)《读礼堂记》云:为仕者未尝不读书,能读而不能行,是能凤鸣而鹜翰。虽胸中有万卷,身为行秘书,谓之不读书。庶斋老学丛谈

字龟龄,乐清人。有《梅溪集》。

朱熹

(一)为学之道,莫先于穷理;穷理之要,必在于读书;读书之法,莫贵于循序而致精;而致精之本,则又在于居敬而持志;此不易之理也。夫天下之事,莫不有理:为君臣有君臣之理,为父子有父子之理,为兄弟为夫妇为朋友,以至出入起居应事接物之际,亦莫不各有其理焉。穷之则自君臣之大,以至事物之微,莫不知其所以然,与其所当然,而亡纤芥之疑;善则从之,恶则去之,而无毫发之累。此为学所以莫先于穷理也。至论天下之理,则要妙精微,各有攸当,亘

字元晦,号晦翁,新安人。有《朱子全书》。

古亘今,不可移易。惟古之圣人为能尽之,而其所行所言,无不可为天下后世不易之大法;其余则顺之者为君子而吉,背之者为小人而凶。吉之大者,则能保四海而可以为法;凶之甚者,则不能保其身而可以为戒。是其粲然之迹,必然之效,盖莫不具于经训史策之中;欲穷天下之理,而不即是以求之,则是正墙面而立耳。此穷理所以必在于读书也。若夫读书,则其不好之者,固怠忽间断而无所成矣;其好之者,又不免夫贪多而务广,往往未启其端,而遽已欲探其终;未究乎此,而忽已志在乎彼。是以虽复终日勤劳,不得休息,而意绪匆匆,常若有所奔走迫逐,而无从容涵泳之乐,是又安能深信自得,常久不厌,以异于彼之怠忽间断而无所成者哉!孔子所谓欲速则不达,孟子所谓进锐退速,正谓此也。诚能监此而有以反之,则心潜于一,久而不移;而所读之书,文意接连,血脉通贯,自然渐渍浃洽,心与理会,而善之为劝者深,恶之为戒者切矣。此循序致精,所以为读书之法也。若夫致精之本,则在于心;而心之为物,至虚至灵,神妙不测,常为一身之主,以提万事之纲,而不可有顷刻之不存者也。一不自觉,而驰骛飞扬,以徇物欲于躯壳之外,则一身无主,万事无纲,虽其俯仰顾盼之间,盖已不自觉其身之所在。而况能反覆圣贤,参考事物,以求义理至当之归乎?孔子所谓"君子不重则不威,学则不固",孟子所谓"学问之道无他,求其放心而已矣"者,正谓此也。诚能严恭寅畏,常存此心,使其终日俨然,不为物欲之所侵乱,则以之读书,以之观理,将无往而不通;以之应事,以之接物,将无所处而不当矣。此居敬持志,所以为读书之本也。

上皇帝疏

(二)或问读书之法,其用力也奈何?曰:循序而渐进,熟读精思可也。曰:然则请问循序渐进之说?曰:以二书言之,则先《论》而后《孟》,通一书而后及一书;以一书言之,则其篇章文句首尾次第,亦各有序而不可乱也。量力所至,约有课程而谨守之。字求其训,句索其旨,未得乎前,则不敢求其后,未通乎此,则不敢志乎彼;如是循序而渐进焉,则意定理明,而无疏易凌躐之患矣。是不惟读书之法,是乃操心之要,尤始学者之不可不知也。曰:其熟读精思者何耶?曰:《论语》一章,不过数句,易以成诵;成诵之后,反复玩味,于燕闲静一之中,以须其浃洽可也;《孟子》每章或千百言,反复论辩,虽若不可涯者,然其条理疏通,语意明洁,徐读而以意随之；出入往来以十百数，则其不可涯者，将可有以得之于指掌之间矣。大抵观书先须熟读，使其言皆若出于吾之口；继以精思，使其意皆若出于吾之心，然后可以有得尔。至于文义有疑，众说纷错，则亦虚心静虑，勿遽取舍于其间。先使一说自为一说，而随其意之所之，以验其通塞，则其尤无义理者，不待观于他说而先自屈矣。复以众说互相诘难，而求其理之所在，以考其是非，则似是而非者，亦将夺于公论而无以自立矣。大抵徐行却立处静观动，如攻坚木，先其易者，而后其节目；如解乱绳，有所不通，则姑置而徐理之。此读书之法。读书之要

（三）傅说之告高宗曰："学于古训乃有获。"而孔子之教人亦曰："好古敏以求之。"是则君子所以为学致道之方，其亦可知也已。然自秦汉以来，士之所求乎书者，类以记诵剽掠为功，而不及乎穷理修身之要。其过之者，则遂绝学捐书，而相与驰骛乎荒虚浮诞之域，盖二者之蔽不同，而于古人之意，则胥失之矣。徽州婺源县学藏书阁记

（四）读书之法：要当循序而有常，致一而不懈，从容乎句读文义之间，而体验乎操存践履之实，然后心静理明，渐见意味。不然，则虽广

求博取,日诵五车,亦奚益于学哉! <u>答陈师德书</u>

(五)所读书太多,如人大病在床,而众医杂进,百药交下,决无见效之理。不若尽力一书,令其反复通透而复易一书之为愈。盖不惟专力易见功夫,且是心定不杂,于涵养之功,亦有助也。<u>答吕子约书</u>

(六)大抵所读经史,切要反复精详,方能渐见旨趣。诵之宜舒缓不迫,令字字分明;更须端庄正坐,如对圣贤,则心定而义理易究。不可贪多务广,涉猎卤莽,才看过了,便谓已通。小有疑处,即更思索;思索不通,即置小册子逐日抄记,以时省阅,俟归日,逐一理会。切不可含糊护短,耻于咨问,而终身受此黯暗以自欺也。
<u>与魏应仲书</u>

(七)大抵读书先且虚心考其文词指意所归,然后可以要其义理之所在。近见学者多是先立己见,不问经文向背之势,而横以义理加之。其说虽不悖理,然非经文本意也。如此但据己见自为一书亦可,何必读古圣贤之书哉?所以读书政恐吾之所见未必是而求正于彼耳。惟其阙文断简,名器物色有不可考者,则无可奈何;其他在藏埋中,可推而得。切须字字句句反复消详,不可草草说过也。<u>答或人书</u>

（八）读书且熟读细看，自当渐见意味。不可支离穿凿，以求见解也。答许进之书

（九）示喻为学之方，足见留意事物，未见不可逆料。诚如所论，唯有因圣贤之所已言者而求之为庶几耳。故为学不可以不读书，而读书之法，又当熟读沉思，反复涵泳，铢积寸累，久自见功。不惟理明，心亦自定。若欲为涉猎而求此理之明，又欲别求方便，以望此心之定，其亦难矣！答江端伯书

（十）问：窃以为学者，须先从师友讲贯，粗识梗概，然后如此用工；不然，恐眩于众说之异同也！答：此乃惮烦欲速之论，非所敢闻……若果有志，无书不可读。但能剖析精微，玩味久熟，则众说之异同，自不能眩，而反为吾磨砺之资矣。答程允夫书

（十一）病中不能整理别项文字，闲取旧书讽咏之，亦觉有味。于反身之功，亦颇有得力处。答陈同甫书

（十二）大凡读书处事，当烦乱疑惑之际，正当虚心博采，以求至当。或未有得，亦当且以阙疑阙殆之意处之。若遽以己所粗通之一说，而尽废己所未究之众论，则非惟所处之得失，或未可知，而此心之量，亦不宏矣。答陆子寿书

（十三）读书只且立下一个简易可常底程课，日日依此，积累功夫，不要就生疑虑。既要如此，又要如彼，枉费思虑言语，下梢无到头处。昔人所谓多歧亡羊者，不可不戒也！答吕子约书

（十四）闻尝感疾不轻，甚以为虑。……来书以为劳耗心力所致，而诸朋友书亦云，读书过苦使然，不知是读何书。若是圣贤之遗言，无非存心养性之事，决不应反至生病，恐又只是太史公作祟耳。孟子言："学问之道，惟在求其放心。"程子亦言："心要在腔子里。"今一向耽著文字，令此心全体都奔在册子上，更不知有己，便是个无知觉不识痛痒之人。虽读得书，亦何益于吾事邪？况以子约平日气体不甚壮，岂可直以耽书之故，遂忘饥渴寒暑，使外邪客气，得以乘吾之隙？是岂圣人谨疾，孝子守身之意哉。答吕子约书

（十五）大抵今人读书，务广而不求精，是以刻苦者迫切而无从容之乐，平易者泛滥而无精约之功。两者之病虽殊，然其所以受病之源，则一而已。答吕子约书

（十六）《论语》首章，便是读书玩理之样辙，更无别途。请只如此用功，不必切切论功计获也。答吕子约书

（十七）凡读书，须整顿几案，令洁净端正，将书册整齐顿放。正身体，对书册，详缓看字，子细分明读之。须要读得字字响亮，不可误一字，不可少一字，不可多一字，不可倒一字，不可牵强暗记。只是要多诵遍数，自然上口，久远不忘。古人云："读书千遍，其义自见。"谓熟读则不待解说，自晓其义也。余尝谓读书有三到：谓心到，眼到，口到。心不在此，则眼不看子细；心眼既不专一，却只漫浪诵读，决不能记，记亦不能久也。三到之法，心到最急，心既到矣，眼口岂不到乎？童蒙须知

（十八）凡书册，须要爱护，不可损污绉折。济阳江禄书读未完，虽有急速，必待掩束整齐，然后起。此最为可法。童蒙须知

（十九）书不记，熟读可记；义不精，细思可精。沧州精舍又论学者

（二十）旧学商量加邃密，新知培养转深沉。鹅湖和韵诗

（二十一）为学须是痛切恳恻做工夫，使饭忘食，渴忘饮，始得。朱子语类

（二十二）为学须觉今是而昨非，日改月化，便是长进。朱子语类

（二十三）为学不进，只是不勇。朱子语类

（二十四）人多言为事所夺，有妨讲学，此为不能使船嫌溪曲者也。遇富贵，就富贵上做工夫；遇贫贱，就贫贱上做工夫。兵法一言甚佳，因其势而利导之也。人谓齐人弱，田单乃因其弱以取胜；今日三万灶，明日二万灶，后日一万灶。又如韩信特地送许多人安于死地，乃始得胜。学者若有丝毫气在，必须进力；除非无了此气，只口不会说话，方可休也。朱子语类

（二十五）为学极要求把篙处着力，到工夫要断绝处，又更增工夫着力，不放令倒，方是向进处。为学正如撑上水船，方平稳处尽行不妨，及到滩脊急流之中，舟人来这上一篙，不可放缓，直须着力撑上，不得一步不紧；放退一步，则此船不得上矣。朱子语类

（二十六）阳气发处，金石亦透；精神一到，何事不成。朱子语类

（二十七）论为学曰：愈细密，愈广大；愈谨确，愈高明。朱子语类

（二十八）学者须是奈烦，奈辛苦。朱子语类

（二十九）看文字须是如猛将用兵，直是鏖战一阵；如酷吏治狱，直是推勘到底，决是不恕他，方得。朱子语类

（三十）人言读书当从容玩味，此乃自怠之

一说。若是读此书未晓道理,虽不可急迫,亦不放下,犹可也。若徜徉终日,谓之从容,却无做工夫处。譬之煎药,须是以大火煮滚,然后以慢火养之,却不妨。朱子语类

(三十一)学问正如煮物相似:须爇猛火先煮,方用微火慢煮;若一向只用微火,何由得熟!朱子语类

(三十二)今人做工夫,不肯便下手,皆是要等待;如今日早间有事,午间无事,则午间便可下手;午间有事,晚间便可下手;却须要待明日。今月若尚有数日,必直待后月。今年尚有数月,不做工夫,必曰今年岁月无几,直须来年。如此,何缘长进!朱子语类

(三十三)文字大节目,痛理会三五处后,当迎刃而解。学者所患,在于轻浮不沉着痛快。朱子语类

(三十四)大凡义理积得多后贯通了,自然见效。不是今日理会得一件,便要做一件用。譬如富人积财积得多了,自无不如意;又如人学作文,亦须广看多后,自然成文可观。朱子语类

(三十五)书宜少看,要极熟。小儿读书记得,大人多记不得者,只为小儿心专。一日授一百字,则只是一百字,二百字则只是二百字。大

人一日或看百板，不恁精专。人多看一分之十，今宜看十分之一，宽着期限，紧着课程。朱子语类

（三十六）读书，小作课程，大施功力。如会读得二百字，只读得一百字，却于百字中猛施工夫，理会仔细，读诵教熟。如此，不会记性人自记得，无识性人亦理会得。若泛泛然念多，只是皆无益耳。读书不可以兼看未读者，却当兼看已读者。朱子语类

（三十七）工夫要趲，期限要宽。朱子语类

（三十八）读书不可贪多，常使自家力量有余。朱子语类

（三十九）书须熟读，所谓只是一般然，读十遍时与读一遍时终别，读百遍时与读十遍又自不同也。朱子语类

（四十）心不定，故见理不得。今且要读书，须先定其心，使之如止水，如明镜。暗镜如何照物？朱子语类

（四十一）读书须将心贴在书册上，逐句逐字有着落，方始好商量。大凡学者须是收拾此心，令专静纯一。日用动静间，都无驰走散乱，方始看得文字精审。如此，方是有本领。朱子语类

（四十二）人常读书，庶几可以管摄此心，使之常存。横渠有言：书所以维持此心。一时

放下，则一时德性有懈，其何可废！朱子语类

（四十三）圣贤之言，须常将来眼头过，口头转，心头运。朱子语类

（四十四）读书以观圣贤之意，因圣贤之意以观自然之理。朱子语类

（四十五）读书须是穷究道理彻底，如人之食，嚼得烂方可咽下，然后有补。朱子语类

（四十六）义理尽无穷。前人恁地说，亦未必尽。须是自把来横看竖看，尽入深，尽有在。朱子语类

（四十七）道理既知缝罅，但当穷而又穷，不可安于小成而遽止也。朱子语类

（四十八）读书须是看着他那缝罅处，方寻得道理透彻；若不见得缝罅，无由入得。看见缝罅时，脉络自开。朱子语类

（四十九）泛观博取，不若熟读而精思。朱子语类

（五十）近日学者多喜从约，而不于博求之，不知不求于博，何以考验其约。如某人好约，今只做得一僧，了得一身。又有专于博学上求之，而不反其约，今日考一制度，明日又考一制度，空于无用处作工夫；其病又甚于约而不博者。要之，均是无益。朱子语类

（五十一）今人读书多不就切己上体察，但于纸上看，文义上说得去便了，如此济甚事？何必读书，然后为学？子曰："是故恶夫佞者。"古人亦须读书始得。但古人读书将以求道，不然，读作何用？今人不去这上理会道理，皆以涉猎该博为能，所以有道学俗学之别。朱子语类

（五十二）学者贪做工夫，便看得义理不精；读书须是仔细，逐句逐字要见着落。若用工粗卤，不务精思，只道无可疑处；非无可疑，理会未到，不知有疑尔。大抵为学老少不同：年少精力有余，须用无书不读，无不究竟其义；若年齿向晚，却须择要用功。读一书，便觉后来难得工夫再去理会；须沉潜玩索，究极至处可也。朱子语类

（五十三）凡看书须虚心看，不要先立说。看一段有下落了，然后又看一段；须如人受词讼，听其说尽，然后方可决断。朱子语类

（五十四）读书理会道理，只是将勤苦捱将去，不解得不成，文王尤勤，而况寡德乎？今世人有一般议论，成就后生懒惰。如云不敢轻议前辈，不敢妄立议论之类，皆中怠惰者之意。前辈固不敢妄议，然论其行事之是非何害？固不可凿空立论，然读书有疑有所见，自不容不立

论,其不立论者,只是读不到疑处耳。朱子语类

(五十五)人之病只知他人之说可疑,而不知己说之可疑。试以诘难他人者以自诘难,庶几自见其失。朱子语类

(五十六)读书无疑者须教有疑,有疑却要无疑,到这里方是长进。朱子语类

(五十七)凡看文字,诸家说有异合处最可观,如甲说如此,且扯住甲穷尽其词;乙说如此,且扯住乙穷其词。两家之说既尽,又参考而穷究之,必有一真是者出矣。朱子语类

(五十八)凡读书须看上下文意是如何,不可泥著一字。如《杨子》于仁也柔,于义也刚;到《易中》又将刚来配仁,柔来配义。《论语》学不厌,智也;教不倦,仁也。到《中庸》又谓成己仁也,成物智也。此等须是各随本文意看,便自不相碍。朱子语类

(五十九)经书有不可解处,只得阙;若一向去解,便有不通而谬处。朱子语类

(六十)读史有不可晓处,劄出待去问人,便且读过。有时读别处撞着有文义与此相关,便自晓得。朱子语类

(六十一)读书之法,读一遍了,又思量一遍;思量一遍,又读一遍。读诵者,所以助其思

量,常教此心在上面流转。若只是口里读,心里不思量,看如何也记不子细。又云:今缘文字印本多,人不着心读。汉时诸儒以经相授者,只是暗诵,所以记得牢,故其所引书句多有错字。如《孟子》所引《诗》《书》亦多错,以其无本,但记得耳。朱子语类

(六十二)今人所以读书苟简者,缘书皆有印本多了;如古人皆用竹简,除非大段有力底人方做得,若一介之士如何置?所以后汉吴恢欲杀青以写《汉书》,其子吴祐谏曰:"此书若成,则载之车两。"昔马援以薏苡兴谤,王阳以衣囊徼名,正此谓也。如黄霸在狱中从侯胜受书凡再喻冬而后传,盖古人无本,除非首尾熟背得方得至于讲诵者也。是都背得然后从师受学,如东坡作《李氏山房藏书记》,那时书犹自难得。晁以道尝欲得《公》《穀》遍求无之,后得一本,方传写得。今人连写也自厌烦了,所以读书苟简。朱子语类

(六十三)温公答一学者书说为学之法,举《荀子》四句云:"诵数以贯之,思索以通之;为其人以处之,除其害以持养之。"荀子此说亦好。诵数云者,想是古人诵书,亦记遍数。贯字训熟,如习惯如自然;又训通,诵得熟方能通晓,若

诵不熟，亦无可得思索。朱子语类

（六十四）杨志之患读《史记》无记性，须三五遍方记得，而后又忘了。曰：只是一遍读时须用功作相，别计止此更不再读，便记得。有一士人读《周礼疏》，读第一板迄则焚了，读第二板则又焚了，便作焚舟计。若初且草读一遍，准拟三四遍读，便记不牢。朱子语类

（六十五）尝见龚实之轿中，只着一册文字看，此其专静也。且云寻常出外轿上着三四册书，看一册厌，又看一书，此是甚功夫也！朱子语类

（六十六）问人不学不知道，学在读书上见，道在行事上见，必读书然后可行事与？先生曰：固也。然学即学其道，非作两截；无论读书，无论行事，怎地皆是道，怎地皆是学。果于经史典籍，潜心玩索，日用云为，细意体察，自能穷天下之理，致吾心之知；岂谈空说玄之谓道，钩深索隐之谓学哉？宋元学案

（六十七）读书著意玩味，方见得义理从文字中迸出。宋元学案

（六十八）朱子曰：目前为学，只是读史传，说世变，其治经亦不过是记诵编节；向外意多，而未尝反躬内省，以究义理之归。故其身心放纵，意念粗浅，于自己分上无毫发得力处。今日

正当痛自循省,向里消磨,庶几晚节救得一半。*人谱类记*

(六十九)朱子曰:文字虽是旧曾看过,后日再看亦须子细。每日可看三两段,不是于那疑处看,正须于那无疑处看。若徒以为晓得,便竟住了,大无益;须是晓得后,更思量尚有未尽义理方好。*读书作文谱*

(七十)又曰:读书不可贪多,常使自家力量有余。如射箭者,有五斗力,且用四斗弓,便可挽之令满,己力胜得他过。今学者不度自己力量去读书,恐自家对敌他不过。*读书作文谱*

(七十一)又曰:精神长者,宜广搜博取;精神短者,决不可务多,但以最紧要书涵养性灵可也。*读书作文谱*

(七十二)又曰:为学须分老少,年少精力有余,书须用多读;若年齿向晚,却宜择要用功,不在务多。读一书,当思后来难得工夫再去理会,须沉潜玩索,究到极处,道理既浃洽于心,自然记得不忘矣。*读书作文谱*

(七十三)又曰:某自二十时看道理,便要看到那里面精微处。尝看《上蔡语录》,其初将红笔抹出,后又用蓝笔抹出,复又用黄笔抹出,三番之后,更用黑笔抹出。其精微处,自然瞒我

不过,渐渐显露出来。读书作文谱

陆游

字务观,号放翁,山阴人。有《放翁全集》。

学必本于书:一卷之书,初视之若甚约也,后先相参,彼是相稽,本末精粗,相与发明,其所关涉已不胜其众矣。一编简有脱遗失次者,非考之于他书,则所承误而不知。同字而异诂,同辞而异义,书有隶古,音有楚夏,非博极群书,则一卷之书,殆不可遽通,此学者所以贵乎博也。自先秦两汉讫于唐五代以来,更历大乱,书之存者既寡,学者于其仅存之中,又卤莽焉以自便其怠惰因循,曰:吾惧博之溺心也。岂不陋哉!渭南文集万卷楼记

尤袤

字延之,无锡人。有《遂初小稿》。

近代士大夫积书之富,莫过于尤延之;嗜书之笃,亦莫过于尤延之。尝谓饥读之以当肉,寒读之以当裘,孤寂而读之以当朋友,幽忧而读之以当金石琴瑟。少室山房笔丛卷四

张栻

字敬夫,绵竹人。有《南轩集》等。

(一)所谓观书当虚心平气,以徐观义理之所在。如其可取,虽庸人之言,有所不废;如其可疑,虽或传以圣贤之言,亦须更加审择。斯言诚是。然虚心平气,岂独观书,当然;某既已承命,因敢复以为献也。与朱元晦书

（二）读书欲自博而趋约，此固前人规模，其序固当尔。但旁观博取之时，须常存趋约之意，庶不致溺心。又博与杂相似而不同，不可不察也！南轩答问

（三）观史工夫要当考其治乱兴废之所以然，察其人之是非邪正。至于几微节目，与夫疑似取舍之间，尤当三复也！若以博闻见助文辞，抑末矣。性理大全

（四）学莫强于立志，莫进于善思，莫害于自画，莫病于自足，莫罪于自弃。广近思录

（五）南轩先生曰：为学不可全恃明快，要当思量到迟钝处。问如何却要迟钝？曰：一向从明快中去，岂不有失？须反复致思，于迟钝中下工夫，然后能有诸己。萤雪漫丛说

彭龟年

字子寿，清江人。有《止堂集》。

《读书吟》示子铉云：吾闻读书人，惜气胜惜金。累累如贯珠，其声和且平。忽然低复昂，似绝反可听。有时静以默，想见绅绎深。心潜与理会，不觉咏叹淫。昨夕汝读书，厉声骂四邻。方其声盛时，声能乱狂霖。倏忽气已竭，口亦遂绝吟。体疲神自昏，思虑那得深？安能更隽永，温故而知新。永歌诗有味，三复意转精。勉汝讽诵余，且学思深湛。梁氏謇记

字伯恭,寿州人。有《东莱集》等。

吕祖谦

(一)为学之本,莫先读书;读书之法,须令日有课程。句读有未晓,大义有未通,不惜与人商榷,不惜就人授读。凡人多以此为耻,曾不知不如是,则有终身之耻也。学规类编

(二)凡读书必务精熟。若或记性迟钝,则多诵遍数,自然精熟,记得牢固。若是遍数不多,只务强记,今日成诵,来日便忘,其与不曾读诵何异?学规类编

(三)学者不进则已,欲进之则不可有成心。有成心,则不可与进乎道矣。故成心存,则自处以不疑;成心亡,然后知所疑矣。小疑必小进,大疑必大进,盖疑者不安于故,而进于新者也。广近思录

(四)学者当先治一经,一经既明,则诸经可触类而长之。史当自左氏至《五代史》,依次读,则上下首尾,洞然明白。至于观其他书,亦须自首至尾,无失其序为善。若杂然列于前,今日读某书,明日读某传,习其前而忘其后,举其中而遗其上下,吾未见其有成也。广近思录

(五)思索不可至于苦,玩养不可至于慢。宋元学案

(六)人二三十年读圣人书,一旦遇事,便与里巷人无异;或有一听老成人语,便能终身服

膺。岂老成人之言过于六经哉？只缘读书不作有用看故也。宋元学案

（七）大抵看史，见治则以为治，见乱则以为乱，见一事则止知一事，何取？观史如身在其中，见事之利害，时之祸患，必掩卷自思，使我遇此等事，当作如何处之。如此观史，学问亦可以进，智识亦可以高，方为有益。先正读书诀

（八）吕东莱曰：凡烦杂难记之事理，与无可句读之书辞，约为诗歌，即可易记。乃读书最简捷之法也。读书作文谱卷十二

（九）总论看文字法云：学文须熟看韩柳欧苏，先见文字体式，然后遍考古人用意下句处。苏文当用其意，若用其文，恐易厌人，盖近世多读故也。第一看大概主张，第二看文势规模，第三看纲目关键，（如何是主意首尾相应？如何是一篇铺叙次第？如何是抑扬开合处？）第四看警策句法，（如何是一篇警策？如何是下句下字有力处？如何是起头换头佳处？如何是缴结有力处？如何是融化屈折剪截有力处？如何是实体贴题目处？）古文关键

陆九龄

留情传注翻榛塞，著意精微转陆沉。鹅湖示同志诗

字子寿，金溪人。有《复斋文集》。

陆九渊

字子静，金溪人。有《象山集》。

（一）大抵读书训诂既通之后，但平心读之，不必强加揣量，则无非浸灌培益、鞭策磨砺之功。或有未通晓处，姑缺之无害。且以其明白昭晰者日夕涵泳，则自然日充日明；后日本源深厚，则向来未晓者，将亦有涣然冰释者矣。_{与邵中孚书}

（二）书契既造，文字日多；六经既作，传注日繁，其势然也。苟得其实，本末始终，较然甚明；知所先后，则是非邪正知所择矣。虽多且繁，非以为病，只以为益。不得其实而蔽于其末，则非以为益，只以为病。二昆其谨所以致其实哉。_{赠二赵序}

（三）易简工夫终久大，支离事业竟浮沉。_{和兄子寿鹅湖示同志诗}

（四）学者须是打叠田地净洁，然后令他奋发植立；若田地不净洁，则奋发植立不得。古人为学，即读书然后为学可见。然田地不净洁，亦读书不得；若读书，则是假寇兵，资盗粮。_{语录}

（五）凡欲为学，当先识义利公私之辨。今所学果为何事？人生天地间为人当自尽人道。学者所以为学，学为人而已，非有为也。_{语录}

（六）先生云：学者读书，先于易晓处沉涵

熟复,切己致思,则他难晓者,涣然冰释矣。若先看难处,终不能达。举一学者诗云:"读书切戒在慌忙,涵泳工夫兴味长。未晓无妨权放过,切身须要急思量。自家主宰常精健,逐外精神徒损伤。寄语同游二三子,莫将言语坏天常!"语录

(七)如今读书且平平读,未晓处且放过,不必太滞。语录

(八)今之学者读书,只是解字,更不求血脉。且如性情心才,都只是一般物事,言偶不同耳。语录

(九)为学患无疑,疑则有进。孔门如子贡即无所疑,所以不至于道。孔子曰:"女以予为多学而识之者欤?"子贡曰:"然。"往往孔子未然之。孔子复有非与之问,颜子仰之弥高,末由也已,其疑非细,甚不自安,所以其殆庶几乎?语录

(十)读书固不可不晓文义,然只以晓文义为是,只是儿童之学。须看意旨所在。语录

(十一)读书之法:须是平平淡淡去看,子细玩味,不可草草。所谓优而柔之,厌而饫之,自然有涣然冰释,怡然理顺底道理。语录

(十二)伯敏云:每读书,始者心甚专,三五遍后,往往心不在此。知其如此,必欲使心在书

上,则又别生一心,卒之方寸扰扰。先生云:此是听某言不入,若听得入,自无此患。某之言打做一处,吾友二三其心了。如今读书且平平读,未晓处且放过,不必太滞。语录

(十三)古之君子,知固贵于博。然知尽天下事,只是此理。所以博览者,但是贵精熟,知与不知,元无加损于此理。若以不知为慊,便是鄙陋。以不知为歉,则以知为泰,今日之歉,乃他日之泰。语录

(十四)或问读六经当先看何人解注?先生云:须先精看古注,如读《左传》,则杜预注不可不精看!大概先须理会文义分明,则读之,其理自明白。然古注惟赵岐释《孟子》,文义多略。语录

(十五)先生曰:读书不必穷索,平易读之,识其可识者,久将自明,毋耻不知。子亦见今之读书谈经者乎?历叙数十家之旨,而以己见终之,开辟反复,自谓究竟精微,然试探其实,固未之得也,则何益哉!语录

(十六)学者不可用心太紧,深山有宝,无心于宝者得之。语录

(十七)如切如磋者,道学也;如琢如磨者,自修也。骨象脆,切磋之工精细;玉石坚,琢磨

之工粗大。学问贵细密,自修贵勇猛。语录

(十八)昔人之书不可以不信,亦不可以必信,顾于理如何耳。盖书可得而伪为也,理不可得而伪为也。使书之所言者理耶?吾固可以理揆之;使书之所言事耶?则事未始无其理也。观昔人之书,而断于理,则真伪将焉据哉!苟不明于理,而惟书之信,幸而取其真者也;如其伪而取之,则弊将有不可胜者矣!孟子曰:"吾于《武成》,取二三策而已矣,"非明于理者,孰能与于此。象山全集拾遗取二三策而已

倪思

倪文节云:天下之事利害相半,有全利而无少害者唯书。不问贵贱贫富老少,观书一卷则有一卷之益,观书一日则有一日之益,故有全利而无少害也。陈继儒读书十六观

字正甫,归安人。有《兼山集》。

叶适

古人多识前言往行,以蓄其德;近世以心通性达为学,而见闻几废。狭而不充,为德之病。
宋元学案

字正则,永嘉人。有《习学记》《水心文集》。

黄幹

(一)观书者最怕气不平,且如《公冶长》一章,谢上蔡(良佐)则谓圣人择婿惊人如此。杨龟山(时)则谓圣人所以求于人者薄,可免于刑

字直卿,号勉斋,闽人。有《黄勉斋集》。

戮，而不累其家，可以妻也。上蔡气高者也，龟山气弱者也，故所见各别如此。要之当随文平看，方见得圣人之意，此观书之大法。性理大全

（二）平居当以敬自持，令心虑宁静；至于读书则平心定气，端庄严肃，须以吾心默观圣贤之语，常使圣贤之意，自入于吾心，如以镜照物，妍丑自见，镜何心哉！今人所以不善读书，非是圣贤之意难明，乃是吾心纷扰，反以汩乱圣贤之意。读书只是沉静精密，则自然见得分明，切不可萌轻易自喜之心。便解得六经通彻，亦何足自喜，亦岂敢轻易！才如此，便不足以任重。且收敛静退，欿然常若不足，方能有进。性理大全

（三）学者之患在于志卑气弱，度量浅狭，规模褊陋，则虽与之细讲，恐终无任道之意。故须是有大规模，又有细工夫，方成个人物。广近思录

何基

字子恭，金华人。有《文集》三十卷。

读诗别是一法，须扫荡胸次净尽，然后吟哦上下，讽诵从容，使人感发，方为有功。宋元学案

李之彦

号东谷，东嘉人。有《东谷所见》。

《劝学文》曰："书中自有黄金屋。"又曰："卖金买书读，读书买金易。"自斯言一入于胸中，未得志之时，已萌贪饕；既得志之后，恣其掊克，惟

以金多为荣,不以行秽为辱。屡玷白简,恬然自如;虽有清议,置之不恤。然司白简待清议者,又未必非若而人也。毋怪乎玩视典宪为具文,一切置廉耻于扫地,气习日胜,若根天真,惟知肥家庇族而已,亦不知其为蠹国害民也。得非蔽锢于《劝学文》而然耶?是固不可不深责贪饕之徒,亦不可不归咎于《劝学文》有以误之也。东谷所见

真德秀

(一)学必读书,然书不可以泛读;先《大学》次《论孟》而终之以《中庸》,经既明然后可观史,此其序也。沉潜乎训义,反复乎句读,以身体之,以心验之,循序而渐进,熟读而精思,此其法也。然所以维持此心而为读书之地者,岂无要乎?亦曰敬而已矣!送周天骥序

(二)专心看字,断句慢读,须要字字分明。毋得目视东西,手弄他物。学规类编教子斋规

字景元,浦城人。有《大学衍义》《西山文集》。

程端蒙

读书必专一　必正心肃容,以计遍数:遍数已足,而未成诵,必须成诵;遍数未足,虽已成诵,必满遍数。一书已熟,方读一书。毋务泛观,毋务强记,非圣贤之书勿读,无益之文勿观。程董二先生学则。

字正思,号蒙斋,鄱阳人。与友人董铢合撰《学则》,此为其中一条。

字景纶，庐陵人。有《鹤林玉露》。

罗大经

北魏主珪问博士李先曰："天下何物最益人神智？"先曰："莫若书。"王荆公诗曰："物变有万殊，心思才一曲。读书谓已多，抚事知不足。"言非读书不足以应事也。然新法之害，岂不读书之过哉，其过正在于读书耳。夫书不可不读，尤贵于善读。方荆公与诸君子争新法也，作色于政事堂曰："安石不能读书，贤辈乃能读书耶？"夫着一能读书之心，横于胸中，则锢滞有我，其心已与古人天渊悬隔矣，何自而得其活法妙用哉！吕东莱解《尚书》云："书者，尧舜禹汤文武周公之精神心术尽寓其中。观书者不求其心之所在，夫何益！然求古人之心，必先求吾心，乃可见古人之心。"此论最好，真读书之法也。当时赵清献公之折荆公曰："皋夔稷契，有何书可读？"此亦忿激求胜之辞，未足以服荆公。夫自文籍既生以来，便有书，皋夔之前，三坟亦书也；伏羲所画之卦，亦书也；太公所称黄帝颛帝之丹书，亦书也；孟子所称放勋曰，亦书也，岂得谓无书哉！特皋夔稷契之所以读书者，当必与荆公不同耳。当时答荆公之辞只当曰："公若锢于有我之私，不能虚心观理，稽众从人，是乃不能读书也。"呜呼！荆公往矣，后之君子，穷而讲道明

理达,而抚世酬物,谨无着一能读书之心,横在胸中也哉! 鹤林玉露卷五读书

何坦

字少平,广昌人。有《西畴老人常言》。

(一)学不可躐等,先致察于日用常行。人能孝于事亲,友于兄弟,夫妇睦,朋友信,出而事君,夙夜在公,精白承德,虽穷理尽性,亦无越于躬履实行也。西畴老人常言讲学

(二)学贵有常,而悠悠害道,循序而进,与日俱新,有常也。玩愒自恕曰:我未尝废,非悠悠乎?顾一暴而十寒,斯害也已。孔子曰:"学如不及,犹恐失之。"西畴老人常言讲学

(三)子贡谓性与天道,不可得闻,夫子非隐也。如入孝出弟数语,必行有余力,而后可以学文;盖实行不先,则徒文亡益,况可遽闻性与天道乎?后世学者,从事口耳,且茫无所从入,乃窃袭陈言,自谓穷理尽性,亦妄矣。西畴老人常言讲学

(四)初学自诵数入,若口诵而心不在焉,罔然莫识其为何说也。学者展卷,当屏弃外虑,收心于方策间,熟读玩味,义理自明,所谓习矣而知察也。西畴老人常言讲学

(五)为学日益,须以人形己,自课其功,然后有所激于中,而勇果奋发,不能自已也。人一

己百，虽柔必强。西畴老人常言讲学

陈善

（一）读书须知出入法：始当求所以入，终当求所以出。见得亲切，此是入书法；用得透脱，此是出书法。盖不能入得书，则不知古人用心处；不能出得书，则又死在言下。惟知出知入，得尽读书之法也。扪虱新话

（二）读书惟在牢记，则日见进益。陈晋之一日只读一百二十字，后遂无书不读，所谓日计不足，岁计有余者。今人谁不读书。日将诵数千言，初若可喜，然旋读旋忘，一岁未尝得百二十字，况一日乎？予少时实有贪多之癖，至今每念腹中空虚，方知陈贤良为得法云。扪虱新话

（三）世传蔡相当国日，有二人求堂除，适有美阙，二人竞欲得之，且皆有荐拔也。蔡莫适所与，即谓曰："能诵卢仝《月蚀诗》乎？"内一耆年者，应声朗念，如注瓶水，音吐鸿畅，一坐尽倾。蔡喜，遂与美除。顷因夜话及此，予因言前辈读书，类皆成诵，不似今人灭裂。扪虱新话

字敬甫。有《扪虱新话》。

胡仔

苕溪渔隐曰：学者欲博读异书，余谓退之《进学解》云："上窥姚姒，浑浑无涯；周诰、殷盘，诘屈聱牙；《春秋》谨严，《左氏》浮夸；《易》奇而

字元任，绩溪人。有《苕溪渔隐丛话》。

法,《诗》正而葩,下逮《庄》《骚》,《太史》所录,子云相如,同工异曲。"若只读此足矣,何必多嗜异书? 渔隐丛话后集韩退之

喻成

(一)历事几主?历任几官?有何建立?有何献明?何长可录?何短可戒?传中有何佳对?(旧诸史赋,如《张良传》用赤松子对黄石公。)此贾挺才先生记史法也。萤雪丛说卷第上记史法

(二)辞之内不可减,减之则为凿,凿则失本意。辞之外不可增,增则赘,赘则坏本意。此王虚中先生解书诀也。萤雪丛说卷第上解书诀

字元德,东阳人。有《萤雪丛说》。

许颉

古人文章,不可轻易,反复熟读,加意思索,庶几其见之。东坡《送安惇落第诗》云:"故书不厌百回读,熟读深思子自知。"仆尝以此语铭坐右而书诸绅也。彦周诗话

字彦周,襄邑人。有《彦周诗话》。

王应麟

(一)善读书者,或曰此法当失,或曰一卷足矣,奚以多为,或不求甚解,或务知大义。不善读者,萧绎以万卷自累,崔儦以五千卷自矜,房法乘之不治事,卢殷之资为诗。困学纪闻杂识

翁元圻案:《晋书载记》:石勒雅好文学,尝

字伯厚,庆元人。有《深宁集》《困学纪闻》等。

令儒生读书史而听之,每以其意,论古帝王善恶。尝使人读《汉书》,闻郦食其劝立六国后,大惊曰:此法当失,何得遂成天下？至留侯谏,乃曰:赖有此耳。《北史·何妥传》纳言苏威尝言于上曰:臣先人,每戒臣云:唯读《孝经》一卷,足可立身经国,何用多为？《宋书·隐逸·陶潜传》:潜尝著《五柳先生传》以自况曰:闲静少言,不慕荣利,好读书,不求甚解,每有会意,欣然忘食。《南史·梁元帝纪》:帝讳绎,魏军入,乃聚图书十余万卷尽烧之,论曰:口诵六经,心通百氏,有仲尼之学,有公旦之才,适足以益其骄矜,增其祸患,何补金陵之覆没,救江陵之灭亡哉！《北史·崔儦传》:儦字歧叔,少与范阳卢思道、陇西辛德源同志友善,负恃才地,大署其户曰:不读五千卷书者,无得入此门。《通鉴·齐武帝纪》:永平八年,交州刺史房法乘专好读书,常属疾不治事,由是长史伏登之得擅权改易将吏,不令法乘知。韩昌黎《志卢殷墓》曰:君能为诗,自少至老,诗可录传者,在纸凡千余篇:殷于书无所不读,止用为诗资。

（二）韩文公曰:凡为文辞,宜略识字。杜子美曰:读书难字过,字岂易识哉！李衡《识字说》曰:读书须是识字,固有读书而不识字者,如孔光、张禹、许敬宗、柳宗元非不读书，但不识字。孔光不识进退字，张禹不识刚正字，许敬宗不识忠孝字，柳宗元不识节义字。此可为学者之戒。困学纪闻小学

（三）子击好《晨风》《黍离》而慈父感悟，周磐诵《汝坟》卒章而为亲从仕，王裒读《蓼莪》而三复流涕，裴安祖讲《鹿鸣》而兄弟同食，可谓兴于《诗》矣。李楒和伯亦自言：吾于《诗·甫田》悟进学，《衡门》识处世，此可为学《诗》之法。困学纪闻诗

（四）《吕氏童蒙训》云："前辈有编类国朝名臣行状、墓志，取其行事之善者，别录出之，以自警戒，亦乐取诸人以为善之义。"朱文公（熹）亦云："籍溪胡先生教诸生于功课余暇，以片纸书古人懿行，或诗文铭赞之有补于人者，粘置壁间，俾往来诵之，咸令精熟。"此二事可以为法。困学纪闻考史

（五）王氏伯厚曰："艾轩云：'日用是根株，文字是注脚。'此即象山六经注我之意。盖欲学者于践履实地用功，不但寻行数墨也。"又曰："刘盛惟读《孝经》《论语》，云：'诵此能行足矣，安用多诵而不能行乎？'苏绰云：'诵《孝经》一卷，足以立身治国，何用多为？'"读书说约卷一

王楙

> 凡读史,每看一传,先定此人是何色目人,或道义,或才德,大节无亏。人品既定,然后看一传文字如何?全篇文体既已了然,然后采摘人事可为何用?奇词妙语,可以佐笔端者记之。如此读史,庶不空遮眼也。若于此数者之中,只作一事功夫,恐未为尽善耳。野客丛书附录

字勉夫,长洲人。有《野客丛书》等。

王廷珍

> 子真读书见大意,谓圣贤作经意在言表,岂拘拘注脚者所可得其本旨。要当真体实验,见之日用常行间。宋元学案

字子真,祁门处士。

陈普

> 吾(即韩信同)尝闻陈先生(即陈普)读《四书》法:各章五十遍,三年七八反,大字小字如流水。又必字求其义,句逆其情,涵泳从容,无少间断,则庶乎有以得之!宋元学案

字尚德,宁德人。有《石堂文集》。

张文选

> 读书在躬行,不在耳食。宋元学案

字士铨,永嘉人。

金

王若虚

王滹南曰:圣人之意,或不尽于言,亦不外乎言。不尽于言,而执其言以求之,宜其失之不及也;不外乎言,而离其言以求之,宜其伤于太过也。_{庶斋老学丛译}

字从之,藁城人。有《滹南遗老集》。

元好问

元遗山云:书须句句读,文须字字做。_{读书法汇引喻元德语}

字裕之,秀容人。有《遗山集》。

元

许衡

字仲平,河内人。有《鲁斋遗书》。

(一)讲究经旨,须是且将正本反复诵读,求圣人立言指意,务须经内自有所得;若反复读诵至于二三十遍以至五六十遍,求其意义不得,然后以古注证之。古注训释不明,未可通晓,方考诸家解义,释其当者,取一家之说以为定论,不可泛泛莫知所适从也。学规类编

(二)阅史必且专意于一家,其余悉屏去。候阅一史毕,历历默记,然后别取一史而阅之。如此有常,不数年诸史可以备记。苟阅一史未了,杂以他史,纷然交错于前,则皓首不能通一史矣。惟是读三《传》时当参以《史记》,读《史记》当参以前汉文辞。繁要亦各有法,不可不知!性理大全

(三)许鲁斋设教,恳款周悉,必使通晓。尝闻诸生此章书义,若推之自身,今日之事有可用否?书中无疑,看出有疑,有疑却看出无疑,

方是有益。人谱类记

吴澄

（一）所贵乎读书者，欲其因古圣贤之言，以明此理存此心而已。此心之不存，此理之不明，而口圣贤之言，其与街谈巷议、途歌里谣等之为无益。草庐精语

（二）读《四书》有法：必究竟其理而有实悟，非徒诵习文句而已；必敦谨其行而有实践，非徒出入口耳而已。草庐精语

字幼清，崇仁人。有《学基学统》《草庐集》等。

赵孟頫

聚书藏书，良匪易事。善观书者，澄心端虑，净几焚香，勿卷脑，勿折角，勿以爪侵字，勿以唾揭幅，勿以作枕，勿以夹刺，随损随修，随开随掩。后之得吾书者，并奉赠此法。陈继儒读书十六观

字子昂，湖州人。有《松雪斋集》。

余芑舒

芑舒每日读书暇，能整襟端坐，谓弟子曰："读书须虚心熟读，其味无穷。及早了悟身心间事，自有受用。"宋元学案

号息斋，德兴人。有《息斋集》。

刘因

（一）治六经必自《诗》始，古之人十三诵《诗》。盖《诗》吟咏情性，感发志意，中和之音在焉。夫人之不明，血气蔽之耳。《诗》能导情性

初名骃，字梦吉，有《静修集》。

而开血气。使幼而常闻歌诵之声，长而不失刺美之意，虽有血气，焉得而蔽焉！_{叙学}

（二）先秦三代之书，《六经》《语》《孟》为大。世变既下，风俗日坏，学者与世俯仰，莫之致力，欲其材之全得乎？三代之学，大小之次第，先后之品节，虽有余绪，竟亦莫知适从，惟当致力六经、《语》《孟》耳，六经既治，然后尝古人之糟粕而知味矣。_{书赠韩琼秀才}

许谦

字益之，金华人。有《许白云集》。

谦尝句读九经《仪礼》、三《传》，而于大纲要旨，错简衍文，悉别铅黄朱墨，意有所明，则表而出之。_{宋元学案}

李存

字明远，安仁人。有《俟斋集》。

此心苟得其正，则所谓《书》者此心之行事，《诗》者此心之咏歌，《易》者此心之变化，《春秋》者此心之是非，《礼》者此心之周旋中节。至孝友睦姻任恤，皆此心之推也。_{宋元学案}

程端礼

字敬叔，庆元人。有《读书分年日程》《畏斋集》。

（一）端礼窃闻之朱子曰："为学之道，莫先于穷理；穷理之要，必在乎读书；读书之法，莫贵乎循序而致精，而致精之本，则又在于居敬而持志；此不易之理也。"其门人与私淑之徒，会萃朱子平日之训，而节取其要，定为读书法六条如左：

循序渐进　朱子曰：以二书言之，则通一书，而后及一书；以一书言之，篇章句字，首尾次第，亦各有序，而不可乱，量力所至，而谨守之。字求其训，句索其旨，未得乎前，不敢求乎后，未通乎此，不敢志乎彼；如是则志定理明，而无疏易陵躐之患矣。若奔程趁限，一向趱著了，则看犹不看也。近方觉此病痛，不是小事！元来道学不明，不是上面欠工夫，乃是下面无根脚。其循序渐进之说如此。

熟读精思　朱子曰：荀子说"诵数以贯之"，见得古人诵书，亦记遍数，乃知横渠教人读书，必须成诵，真道学第一义。遍数已足，而未成诵，必欲成诵；遍数未足，虽已成诵，必满遍数。但百遍时自是强五十遍，二百遍时自是强一百遍，今人所以记不得，说不去，心下若存若亡，皆是不精不熟，所以不如古人。学者观书，读得正文，记得注解，成诵精熟，注中训释，文意事物各件，发明相穿钮处，一一认得，如自做出底一般，方能玩味反复向上有通透处。其熟读精思之学如此。

虚心涵泳　朱子曰：庄子说"吾与之，虚而委蛇"，既虚了，又要随他曲折出，读书须是虚心方得。圣贤说一字是一字，自家只平著心去秤停他，都使不得一毫杜撰。今人读书，多是心下先有个意思，却将圣贤言语来凑；有不合，便穿凿之使合，如何能见圣贤本意！其虚心涵泳之说如此。

切己体察　朱子曰：入道之门，是将自身入那道理中去，渐渐相亲，与己为一。而今人道在这里，自家在外，元不相干。学者读书，要须将圣贤言语体之于身，如克己复礼，如出门如见大宾等事。须就自家身上体察，我实能克己复礼，主敬行恕否？件件如此，方有益。其切己体察之说如此。

著紧用力　朱子曰：宽著期限，紧著课程。为学要刚毅果决，悠悠不济事；且如发愤忘食，乐以忘忧，是甚么精神，甚么筋骨？今之学者，全不曾发愤；真要抖擞精神，如救火治病然，如撑上水船，一篙不放缓。其著紧用力之说如此。

居敬持志　朱子曰：程先生云："涵养须用敬，进学则在致知。"此最精要。方无事时，敬以自持，心不可放入无何有之乡，须是收敛在此。及应事时，敬于应事，读书时敬于读书，便自然该贯动静，心无不在。今学者说书，多是捻合来说，却不详密活熟，此病不是说书上病，乃是心

上病。盖心不专静纯一,故思虑不精明;须要养得虚明专静,使道理从里面流出方好。其居敬持志之说如此。五种遗规朱子读书法

(二)凡玩索一字一句一章,分看合看,要析之极其精,合之无不贯。去了本子,信口分说得出,合说得出,于身心上体认得出,方为烂熟。读书分年日程

(三)读韩文日熟读一篇或两篇,亦须百遍成诵,缘一生靠此为作文骨子故也。既读之后,须反复详看。每篇先看主意,以识一篇之纲领;次看其叙述抑扬轻重、运意转换、演证、开阖、关键、首腹、结末、详略、浅深、次序;既于大段中看篇法,又于大段中分小段看章法,又于章法中看句法;句法中看字法:则作者之心,不能逃矣!譬之于树,通看则繇根至表,干生枝,枝生华叶,大小次第相生而为树;又折一干一枝看,则又皆各自有枝干华叶,犹一树然:未尝毫发杂乱,此可以识文法矣。看他文皆当如此看,久之自会得法。读书分年日程

虞集

夫学者之欲至于圣贤,犹射者之求中夫正鹄也。不以圣贤为准的而学者,是不立正鹄而射者也;志无定向,则泛滥茫洋,无所底止,其不

字伯生,号道园,仁寿人。有《道园学古录》。

为妄人者几希！此立志最先者也。既有定向，则求所以至之之道焉，尤非有志者不能也。是故从师取友，读书穷理，皆求至之事也。尚志斋说

揭傒斯

字曼硕，湖州人。有《文安集》。

（一）吾书伊何，非圣弗读，成己成物，惟日不足。揭文安公文粹吾读吾书斋铭

（二）古者读书，学之一事，力行是务，记诵其次。苟非读书，孰稽古典？读而弗学，去圣愈远。揭文安公文粹读书处铭

侯均

字伯仁，奉元人。

每读书，必熟诵乃已。尝言："人读书，不至千遍，终于无益。"元史儒理传

盛如梓

号庶斋，衢州人。有《庶斋老学丛谈》。

（一）前辈云：学贵知要，不在贪多；用贵适时，不专泥古。庶斋老学丛谈

（二）学贵乎问，圣贤立教，及经书所言，不一而止。晦庵先生无书不读，启刺宾商，犹作书与诚斋，托转问周平园。先儒为学，其勤笃好问如此。庶斋老学丛谈

杨瑀

字元诚，杭州人。有《山居新语》。

《读书诀》云：生则慢读明经句，熟则紧读贪遍数。未熟莫要背念，既倦不如且住。山居新语

傅幼安

盱江人。

泉谷徐尚书鹿卿，丰城人也，尝构阁以藏书，名之曰味书阁。幼安为之赋，略云：书之类也，百种千名；言之立也，异轨多歧，随吾所取，往往而有。至其合圣道之与否，则如十指之难齐。绨章绘句，抽黄媲白，味则美矣，而不适于用，譬之鸡肋，虽勤抉剔，而不足以疗饥。老氏之清虚，释氏之超诣，味则高矣，而不协于极，犹蚌瑶柱食之爽口，终不免动气而颦眉。申商刑名之学，仪秦纵横之说，味则奇矣，而用之有害，犹河鲀野菌，才一下咽，而腐肠裂胃之患，已随之矣。惟《中庸》之诚，《鲁论》之孝弟，《大学》之德，《孟子》之仁义，食之有益而无损，咽之有信而无疑，可以择肤，可以充腹，终朝不食，则枵然不知所为。正犹菽粟之甘，太牢之肥，仁人之所先得，而古今之所同嗜，君子所以哺其膏液，而鲜能知之者，所以为凡民之所归也。隐居通义卷四

明

宋濂

> 字景濂,浦江人。有《宋学士集》。

余幼时即嗜学,家贫,无从致书以观,每假借于藏书之家,手自笔录,计日以还。天大寒,砚冰坚,手指不可屈伸,弗之怠。录毕走送之,不敢稍逾约,以是人多以书假余,余因得遍观群书。既加冠,益慕圣贤之道,又患无硕师名人与游。尝趋百里外,从乡之先达,执经叩问,先达德隆望尊,门弟子填其室,未尝稍降辞色。余立侍左右,援疑质理俯身倾耳以请。或遇其叱咄,色愈恭,礼愈至,不敢出一言以复,俟其忻悦,则又请焉。故余虽愚,卒获有所闻。当余之从师也,负箧曳屣,行深山巨谷中。穷冬烈风,大雪深数尺,足肤皲裂而不知,至舍四肢僵劲不能动,胜人持汤沃灌,以衾拥被,久而乃和。寓逆旅主人,日再食,无鲜肥滋味之享。同舍生皆被绮绣,戴朱缨宝饰之帽,腰白玉之环,左佩刀,右佩容臭,烨然若神人。余则缊袍敝衣处其间,略

无慕艳意,以中有足乐者,不知口体之奉不若人也。盖余之勤且艰若此。送东阳马生序

刘基

郁离子曰:多能者鲜精,多虑者鲜决。故志不一则庞,庞则散,散则溃溃然罔知其所定。是故明生于一:禽鸟之无知,而能知人之所不知者,一也。人为民之灵,而多欲以昏之,反禽鸟之不如,养其枝而枯其根者也。呜呼!人能一其心,何不如之有哉!郁离子

字伯温,青田人。有《郁离子》《覆瓿集》。

方孝孺

(一)君子之学,取其善,不究其人;师其道,不计其时,善诚足称也,其人虽非圣贤,不知其为不可也,取其善而已;道诚足师也,其人虽生与吾同时,居与吾同巷,不以其易见而遗之也,师其道而已。天下之善一也,古与今之道均也,何以其人与时论之耶?求古斋记

(二)不善学之人,不能有疑,谓古皆是,曲为之辞。过乎智者,疑端百出;诋诃前古,摭其遗失。学匪疑不明,而疑恶乎凿;疑而能辨,斯为善学。勿以古皆然,或有非是,勿负汝能言,人或胜汝。忘彼忘我忘古,与今道充,天地将在汝心。辨疑箴

(三)唯群圣之道,咸萃在兹,不能精思力

字希直,一字希古,宁海人。有《逊志斋集》。

学,则书为虚器;不能希贤由圣,则学非真知。小子极愚,敢不敬慎,日以孜孜! <small>书柜铭</small>

(四)诵其言,思其义,存诸心,见乎事。以敬畜德,以静养志,日化岁加,山立川驶。圣道卓然,焉敢不至! <small>诵箴</small>

(五)方正学云:自少唯嗜读书,年十余岁,辄日坐一室,不出门。当理趣会心,神融意畅,虽户外钟鼓鸣而风雨作,不复觉也。<small>陶庵集自监录</small>

薛瑄

<small>字德温,号敬轩。有《读书录》等。</small>

(一)横渠张子云:"心中有所开,即便劄记,不思则远塞之矣。"余读书至心有所开处,随即录之,盖以备不思而还塞也。<small>读书录序</small>

(二)岂独乐有雅、郑邪?书亦有之。小学、四书、六经、濂洛关闽诸圣贤之书,雅也,嗜者少矣。夫何故?以其味之澹也。百家小说、淫词绮语、怪诞不经之书,郑也,莫不喜谈而乐道之,盖不待教督而好之者矣。夫何故?以其味之甘也。澹则人心平而天理存,甘则人心迷而人欲肆。是其得失之归,亦何异于乐之感人也哉! <small>读书录</small>

(三)读书记得一句,便寻一句之理。务要见得下落,方有益。先儒谓读书只怕寻思。近看得寻思二字最好。如圣贤一句言语,便反复

寻思，在吾身心上何者为是？在万物上何者为是？使圣贤言语，皆有着落，则知一言一语，皆是实理，而非空言矣。*读书录*

（四）读书惟宁静宽徐缜密，则心入其中而可得其妙。若躁扰褊急精略以求之，所谓视而不见，听而不闻，食而不知其味者也。焉足以得其妙乎？*读书录*

（五）读书当出己之口，入己之耳。*读书录*

（六）凡读书须虚心定气，缓声以诵之，则可以密察其意。若心杂气粗，急声以诵，真村学小儿读诵斗高声，又岂能识其旨趣之所在也。*读书录*

（七）读书固不可不思索，然思索太苦而无节，则心反为之动，而神气不清。如井泉然，淯之频数则必浊。凡读书思索之久，觉有倦意，当敛襟正坐，澄定此心，少时再从事于思索，则心清而义理自见。*读书录*

（八）读前句如无后句，读此书如无他书，心乃大有得。*读书录*

（九）瑄因忆少年时，晚间诵书愈数而不能诵，至来早即豁然，昨晚所读之书，悉能成诵。今思之：晚间诵多而不能记者，气昏也；早间能背诵者，气清也，此亦可验夜气之说。*读书录*

（十）读书以防检此心，犹服药以消磨此病。病虽未除，常使药力胜，则病自衰；心虽未定，常得书味深，则心自熟；久则衰者尽，而熟者化矣。读书录

（十一）学有所得，必自读书入。读书千熟万熟时，一言一句之理，自然与心融会为一，斯有所得矣。读书录

（十二）读书不寻思，如迅风飞鸟之过前，响绝影灭，亦不知圣贤所言为何事？要作何用？唯精心寻思体贴，向身心事物上来反复考验其理，则知圣贤之书，一字一句皆有用矣。读书录

（十三）读书贵知要。只颜子四勿：心不绝想，口不绝念，守之勿失，循之勿违，岂有差错！泛观天下书，而不知其用力处，虽多亦奚以为？读书录

（十四）经书中有字同而义异者：如《易·泰卦》，"泰"乃亨泰之义；《论语》君子泰而不骄，"泰"乃舒泰之义；《大学》骄泰以失之，"泰"乃侈肆之义。又如《书》言有忍乃济，"忍"乃容忍之义；《论语》言忍，乃忍于为恶之义；《孟子》言不忍人之心，乃仁心发见之义。《经书》字如此类者，字同而义异，读者当各即其义而观之，不可以字泥也。读书续录

（十五）程子曰："由辞以得其意，则在乎人焉。"不但读《易》，实读书要法也。读书续录

（十六）得志忘言，乃知读书不可滞于言辞之间，当会于言辞之表。读书续录

夏尚朴

字敦夫，永丰人。有《夏东岩文集》。

（一）学者须收敛精神。譬如一炉火，聚则光焰四出，才拨开便昏黑了。明儒学案

（二）好问好察，而必用其中。诵诗读书，而必论其世，则合天下古今之聪明以为聪明，其知大矣。近世诸公论学，乃欲取足吾心之良知，而议程朱格物博文之论为支离，其何以开学人之知见，扩吾心良知良能之本！然此乃入门窍，于此既差，是欲其入而闭之门也。明儒学案

陈献章

字公甫，新会人。有《白沙集》。

前辈谓学贵知疑；小疑则小进，大疑则大进。疑者，觉悟之机也。一番觉悟，一番长进，更无别法也，即此便知科级。学者须循次而进，渐到至处耳。明儒学案

胡居仁

字叔心，余干人。有《胡文敬公集》。

（一）圣贤遗训，万世法程。读之贵熟，思之贵精；体之贵切，行之贵诚。未毙勿已，永鉴斯铭！书橱铭

（二）观书须有感发奋勇之意，方有进；观

书有悦怿之意,所入必深。广近思录

祝允明

学贵有常,又贵日新。日新若异于有常,然有常,日新之本也。读书笔记

桑悦

予训课暇,辄憩其中,上求尧、舜、禹、汤、文、武、周公、孔子之道,次窥关、闽、濂、洛数君子之心,又次则咀嚼《左传》、荀卿、班固、司马迁、扬雄、刘向、韩、柳、欧、苏、曾、王之文,更暇则取秦汉以下古人行事之迹,少加褒贬,以定万世之是非,悠哉悠哉!以永终日。……且坐惟酬酢千古:遇圣人,则弟子之位,若亲闻训诲;遇贤人,则为交游之位,若亲接膝而语;遇乱臣贼子,则为士师之位,若亲降诛罚于前。坐无常位,接无常人,日觉纷拏纠错,坐安得独?独坐轩记

罗钦顺

凡经书文义有解说不通处,只宜阙之。盖年代悠远,编简错乱,字画差讹,势不能免。必欲多方牵补,强解求通,则凿矣。学规类编

贺钦

读书想求大义,不可缠绕于琐碎传注之间!

明儒学案

字希哲,长洲人。有《怀星堂集》《读书笔记》等。

字民怿,常熟人。有《桑子庸言》《思玄集》。

字允升,泰和人。有《困知记》等。

字克恭,定海人。有《医闾集》。

王守仁

字伯安,余姚人。有《王文成公全书》。

(一)盖学之不能以无疑,则有问,问即学也,即行也。又不能无疑,则有思,思即学也,即行也。又不能无疑,则有辨,辨即学也,即行也。辨既明矣,思既慎矣,问既审矣,学既能矣,又从而不息其功焉,斯之谓笃行。非谓学问思辨之后,而始措之于行也。答顾东桥书

(二)夫君子之论学,要在得之于心:众皆以为是,苟求之心而未会焉,未敢以为是也;众皆以为非,苟求之心而有契焉,未敢以为非也。答徐成之

(三)大宗伯白岩乔先生将之南都,过阳明子而论学,阳明子曰:"学贵专!"先生曰:"然。予少而好弈,食忘味,寝忘寐,目无改观,耳无改听,盖一年而诎乡之人,三年而国中莫有予当者,学贵专哉!"阳明子曰:"学贵精!"先生曰:"然。予长而好文词,字字而求焉,句句而鸠焉,研众史,核百氏,盖始而希迹于宋唐,终焉浸入于汉魏,学贵精哉!"阳明子曰:"学贵正!"先生曰:"然。予中年而好圣贤之道,弈吾悔焉,文词吾愧焉,吾无所容心矣。"送宗伯乔白岩序

(四)非专则不能以精,非精则不能以明,非明则不能以诚,故曰:"惟精惟一。"精,精也;

一,专也。精则明矣,明则诚矣。送乔宇序

(五)古之君子,惟有所不知也,而后能知之;后之君子,惟无所不知,是以容有不知也。夫道有本而学有要。是非之辨精矣,义利之间微矣,斯吾未之能信焉。曷亦姑无以为知之也,而姑疑之,而姑思之乎?别张常甫序

(六)凡歌诗,须要整容定气,清朗其声音,均审其节调,毋躁而急,毋荡而嚣,毋喂而慑,久则精神宣畅,心气和平矣。训蒙教约

(七)凡授书,不在徒多,但贵精熟。量其资禀,能二百字者,止可授一百字。常使精神力量有余,则无厌苦之患,而有自得之美。讽诵之际,务令专心一志,口诵心维,字字句句,䌷绎反复,抑扬其音节,宽虚其心意。久则义理浃洽,聪明日开矣。训蒙教约

(八)一日论为学工夫?先生曰:教人为学不可执一偏,初学时心猿意马,拴缚不定。其所思虑,多是人欲一边,故且教之静坐息思虑。传习录

(九)问看书不能明如何?先生曰:此只是在文义上穿求,故不明。如此,又不如为旧时学问,他倒看得多,解得去。只是他为学虽极解得明晓,亦终身无得。须于心体上用功,凡明不

得,行不去;便须反在自心体上,当即可通。盖四书五经不过说这心体,这心体即所谓道心,体明即是道明,更无二。此是为学头脑处。传习录

(十)九川问此功夫却于心上体验明白,只解书不通?先生曰:"只要解,心上明白,书自然融会。若心上不通,只要书上文义通,却自生意见。"传习录

杨天祥

字休征。

杨天祥字休征,正德丁丑进士,遗友人书曰:"古人读书破万卷,予自弱冠励志读书,至今十五年,一年之中,除令节家庆及疾病之日,不过六十日,其三百日皆诵读,日不下三简,一年不下九百简,十有五年不下一万五千简。方之古人十万卷,仅十之一二。……譬之珍羞错陈,属餍则止;巨木轮囷,就墨则削。其余酬应,不能逾于人情物理,拟古则迂,反古则倍。读书虽多,岂尽可用哉!古人云:'精兵三千,足敌赢卒百万;'盖以此也。昔向子平敕断家事,遍游五岳,岂图喻人哉,亦求自喻而已。然游五岳则有跋涉之苦,离旷之忧,逾年阅岁,仅乃遍之。《五经》备天地万物之理,此五岳也;子史百家,亦洞天福地也;予遍历之,岂直卧游?虽不足以喻人,亦足以自喻矣。"读书法汇引广东通志

薛侃

问读书之法？曰：程子谓求经义，皆栽培之意。栽培必先有根，以根为主，既栽既培，自有生生之意。是读书时优游讽咏，得书之益；不读时体贴充养，尤得书之益也。今人读书以书为主，心为奴隶；敝精务博，反为心害，释卷则茫然均为亡羊，皆非栽培之意也。明儒学案

字尚谦，揭阳人。门人记所闻为《研几录》。

王畿

读书譬如食味，得其精华，而汰其滓秽，始能养生；若积而不化，谓之食痞。箴言类钞

字汝中，山阴人。有《龙溪全集》。

唐顺之

荆川唐先生尝语其徒曰：读书以治经明理为先，次之诸史，可以见古人经纶之迹；又次则载诸世务，可以应用。兹数者本末相核，皆有益之书，余非所急也。焦弱侯澹园集

字应德，武进人。有《荆川集》。

陆树声

陆平泉先生云：读书须寻出书中眼目始得，佛家所谓人天法眼是也。太平清话

字与吉，华亭人。有《陆文定公书》。

杨继盛

读书见一件好事，则便思量我将来必定要行；见一件不好的事，则便思量我将来必定要戒；见一个好人，则思量我将来必要与他一般；

字仲芳，容城人。有《杨忠愍集》。

见一个不好的人,则思量我将来切休要学他。则心地自然光明正大,行事自然不会苟且,便为天下第一等人矣。谕应尾应箕两儿

杨慎

《晋书》云:陶渊明读书不求甚解,此语俗士之见,后世不晓也。余思其故,自两汉来训诂盛行,说五字之文,至于二三万言如秦近君之训《尧典》曰稽古者,比比皆是,后进弥以驰逐,漫羡而无所归。陶心知厌之,故超然真见,独契古初,而晚废训诂,俗士不达,便谓其不求甚解矣。又是时周续之与学士祖企谢景夷从刺史檀韶聘,讲礼城北,加以雠校,所住公廨,近于马肆。渊明示以诗云:"周生述孔业,祖谢响然臻;马队非讲肆,校书亦以勤。"盖不屑之也。观其诗云:"先师遗训,今岂云坠。"又曰:"《诗书》敦夙好。"又云:"游好在《六经》。"又云:"泛览周王传,流观《山海图》。"其著《圣贤群辅录·三孝传赞》,考索无遗,又跋之云:"书传所载,故老所传,尽于此矣。"岂世之卤莽不到心者耶?予尝言:人不可以不学,但不可为讲师,溺训诂,见渊明传语,深有契耳。丹铅总录

字用修,新都人。有《升庵集》《丹铅总录》等。

胡应麟

(一)读书大患,在好诋诃昔人。夫智者千

字元端,兰溪人,有《少室山房类稿》等。

虑，必有一失，昔人所见，岂必皆长；第文字烟埃，纪籍渊薮，引用出处，时或参商，意义重轻，各有权度，加以鲁鱼亥豕，讹谬万端，凡遇此类，当博稽典故，细绎旨归，统会殊文，厘正脱简，务成曩美，毋薄前修，力求弗合，各申己见可也。今偶睹一斑，便为奇货，恐后视今，犹今视昔矣。

少室山房笔丛卷三十九

（二）乐府尾句，多用今日乐相乐等语，至有与题意及上文略不相蒙者，旧亦疑之。盖汉魏诗，皆以被之弦歌，必燕会间用之，尾句如此，率为听乐者设，即郊祀延年意也。读古人书，有不得解处，能多方参会，当自了然。少室山房笔丛诗薮内编

江山人。

何伦

（一）学问之功，全在讲贯；而讲书之要，必须讲后自己细看，著意研究，潜思默究，逐句细绎，逐章理会，方才得其旨趣。略有疑惑，即为质问，不可草草揭过。俟一本通贯后，仍听先生摘其难者而挑问之。或不能答，即又思之；思之不通，然后复讲。真境一开，如得时雨之化；后来作文，随意应用，信手发挥，自然成章，再无窒碍。若泛泛而讲，泛泛而听，原不留心佩记，徒费唇舌，不入肺腑。今日讲过，明日忘之。此章

未达,又讲别章。今年未明,复待来岁。虽讲至百年,诚何益也。何氏家规

(二)读书以百遍为度,务要反复熟嚼,方始味出。使其言皆若出于吾之口,使其意皆若出于吾之心,融会贯通,然后为得。如未精熟,再加百遍可也,仍要时时温习。若工夫未到,先自背诵,含糊强记,总是认字不清,见理不透,徒敝精神,无益学问。何氏家规

屠羲时

宣城人。

凡读书:整容,定心,看字,断句,慢读。务要字字分晓,毋得目视他处,手弄他物。仍须细记遍数,如遍数已足,而未成诵,必欲成诵;遍数未足,虽已成诵,必满遍数。犹必逐日带温,逐句逐月通理,以求永久不忘。(读书不在多,能一精熟工夫,积久自然有得。今子弟多勉强记诵,为师者又假此为功,以取悦父兄,遂不计生熟,慢令加读,旋即遗忘,所宜戒也。)童子礼

吕坤

字叔简,宁陵人。有《呻吟语》《伪斋文章》。

(一)善学者如闹市求前,摩肩重足,得一步便紧一步。呻吟语

(二)道理书尽读,事务书多读,文章书少读,闲杂书休读,邪妄书焚之可也。呻吟语

(三)古今载籍莫滥于今日,括之有九:有

全书,有要书,有赘书,有经世之书,有益人之书,有无用之书,有病道之书,有杂道之书,有败俗之书。《十三经注疏》《二十一史》,此谓全书。或撮其要领,或撷其隽腴,如《四书六经集注》《通鉴》之类,此谓要书。当时务,中机宜,用之而物阜民安,功成事济,此谓经世之书。言虽近理,而掇拾陈言,不足以羽翼经史,是谓赘书。医技农卜,养生防患,劝善惩恶,是谓益人之书。无关于天下国家,无益于身心性命,语不根心,言皆应世而妨当世之务,是谓无用之书。又不如赘。佛、老、庄、列是谓病道之书。迂儒腐说,贤智偏言,是谓杂道之书。淫邪幻诞,机械夸张,是谓败俗之书。有世道之责者,不毅然沙汰而芟锄之,其为世教人心之害也不小! 呻吟语

(四)事事有实际,言言有妙境,物物有至理,人人有处法,所贵乎学者,学此而已。无地而不学,无时而不学,无念而不学,不会其全,不诣其极不止,此之谓学者。呻吟语

(五)端身正坐,书籍笔砚等物,皆令顿放有常。其当读之书,当用之物,随时从容取出,不得信手乱翻。读用已毕,复置原所,毋使参错。其借人书物,当置簿登记,及时取还,毋致

遗失。社学要略

史典 _{扬州人。有《愿体集》。}

看古今文字,立意求其佳处,则竟得其佳;立意求其疵处,则亦染其疵。君子于人之善恶也亦然,故取长略短,道必日益。愿体集

陈继儒 _{字仲醇,华亭人。有《眉公全集》。}

(一)赵季仁谓罗景纶曰:"某生平有三愿:一愿识尽世间好人,二愿读尽世间好书,三愿看尽世间好山水。"罗曰:"尽则安能?但身到处莫放过耳。"读书者当作此观。读书十六观

(二)黄山谷尝云:"士大夫三日不读书自觉语言无味,对镜亦面目可憎。"米元章云:"一日不读书,便觉思涩。"想古人未尝片时废书也。岩栖幽事

(三)余闻之师云:未读尽天下书,不可轻议古人;然真能尽天下书者,益知古人不可轻议。后生哓哓,只坐胸中书少耳。读书镜

高攀龙 _{字存之,无锡人。有《高子遗书》。}

读书如饮食,吃得又要消得。高子遗书

李贽 _{字卓吾,泉州温陵人。有《藏书焚书》等。}

(一)学人不疑,是谓大病。唯其疑而屡破,故破疑即是悟。温陵文集卷六答澹然师

(二)李宏甫先生为南比部郎,日聚友讲

学,寮友或谓之曰:"吾辈读书,义理岂有不明,而事讲乎?"宏甫曰:"君辈以高科登仕籍,岂不读书!但苦未识字,须一讲耳。"或怪问其故?宏甫曰:"《论语》《大学》岂非君所尝读耶?然《论语》开卷便是一学字,《大学》开卷便是大学二字,此三字吾敢道诸君未识得,何也?此事须有证验始可。如识《论语》中学字,便悦乐不愠;识大学二字,便定静安虑。今都未能,如何自负识此字耶?"其人默然不能对。焦氏笔乘读书不识字

吴默

字因之,吴江人。

吴因之曰:书义有思之而即得者,有思之竟日而后得者,有明日又思之而后得者,有力量未到,累日思之而不可通,俟停搁三月五月之后,识见精进,或重思之,或他书触发,而恍然得者。凡理不疑,必不生悟,惟疑而后悟也。小疑则小悟,大疑则大悟。故学者非悟之难,而疑之难,其所疑与悟者何物也?是心窍中之生机也,夫心中原有机窍,但非疑而思索,则机不触而理不开,焉能了悟?读书作文谱

袁宗道

字伯修,公安人。有《白苏斋类稿》。

学未至圆通,合己见则是,违己见则非,如以南方之舟,笑北方之车,以鹤胫之长,憎凫胫之短。夫不责己之有见,而责人之异见,岂不悖

哉！自苏斋类集论隐者异趣

袁宏道

（一）箧中藏万卷书，书皆珍异；宅畔置一馆，馆中约真正同心友十余人，人中立一识见极高，如司马迁、罗贯中、关汉卿者为主，分曹部署，各成一书；远文唐宋酸儒之陋，近完一代未竟之篇，三快活也。与龚惟长先生

（二）近日始学读书，尽心观欧九、老苏、曾子固、陈同甫、陆务观诸公文集，每读一篇，心悸口呋，自以为未尝识字。然性不耐静，议未终帙，已呼羸马，促诸年少出游。或逢佳山水，耽玩竟日；归而自责，顽钝如此，当何所成？乃以一婢自监，读书稍倦，令得诃责；或提其耳，或敲其头，或擦其鼻，须快醒乃止，婢不如令者，罚治之。习久，渐惯苦读，古人微意，或有一二悟解处，辄叫号跳跃，如渴鹿之奔泉也。答王以明书

字中郎，公安人。有《袁中郎集》。

谭元春

易入处便入，难入处便怯，固学者读书之病也。谭友夏合集与舍弟五人书

字友夏，竟陵人。有《狱归堂集》等。

孙矿

孙月峰读书，凡有所评，必草稿已定，而后用格端整书之，不肯以草率从事，故所评《国策》《史记》，颇有独见。读书作文谱卷二

字文融，号月峰，余姚人。有《今文选》等。

号石梁,有《小柴桑喃喃录》。

陶奭龄

儿辈读书,惟务涉猎,都不精专,故每试辄蹶。尝与之言:譬如用人,必平日与之共肝胆,忘形骸,绸缪胶结,曾无间然,临缓急时,自得其力。若只泛交及一面之识,平时饮酒燕笑,渠便肯来,一旦有事,则掉臂去。小柴桑喃喃录

字天如,太仓人。有《历代史论》等。

张溥

溥幼嗜学,所读书必手抄。抄已朗诵一过,即焚之,又抄,如是者六七始已。明史张溥传

字蕴生,嘉定人。有《陶庵集》。

黄淳耀

(一)循序,一无欲速。自监录

(二)先儒论格物义云:"一事上穷尽,他可类推。"此贯通觉悟之机也。吾谓读书法亦然。自监录

(三)读书至钟鼓风雨不复觉,始为得趣。自监录

(四)看书贪多,作事要快,皆当戒之!贪多则不精,要快则多误,此予大病也。自监录

(五)闲事少思,闲言少说,闲人少接,闲地少去,闲书少看,闲文少作,若能如此,虽终闲也好。自监录

(六)向尝见读书善养气语,未深见其妙,今乃知养气二字,是读书第一要领。我今必须

摆脱万虑,使此心清清空空,常如十五岁以前时,自然清明来。昔人云:韩子因学文而见道,良不诬也。我向来看得语录太多,障蔽聪明,总是没干。圣贤一句二句,用之不尽,何须许多!然不读书时,又防此心茅塞。山谷所谓对镜则面目可憎,向人亦语言无味者。故知书本上义理,时时浇灌,不为无益。但莫作说话过去,须如象山每事要讨著落耳。自监录

(七)朱子诲门人:"圣贤言语,只在仔细看,别无术。"又云:"书只贵熟读,别无法。"又云:"法在读了一遍,又思量一遍;思量一遍,又读一遍。"先儒读书法如此。向见一书,载张安道问苏明允以子瞻方读何书?答云:"方温《汉书》。"安道惊曰:"书要读第二遍邪!"初以为安道自矜敏捷,今思之殊不然。盖古人读一遍时,必须精熟,此书未熟,更不读他书,不待他日又温也。他日坡公有云:"故书不厌百回读,熟读深思子自知"。则岂止第二遍邪!司马温公尝言:"学者读书少能自卷首读至卷尾,往往从中或从末,随意读起,又多不能终篇。光性最专,犹患如此。从来唯见何涉学士案上唯置一书,读之自首至尾,正错校字,以至终篇。未终,誓不他读。此学者所难。"温公所言,正安道所谓

一遍。读书

字弓父,漳州镇海卫人。

陈士奇

读书眼欲黠,如贾胡到处辄止;心欲俭,如惜福人饭粒坠,必拾入口。与陈昌箕书

字自诚,号还初道人。有《菜根谭》。

洪应明

人解读有字书,不解读无字书;知弹有弦琴,不知弹无弦琴;以迹用,不以神用,何以得琴书佳趣。菜根谭

字密之,桐城人。有《文章薪火》等书。

方以智

冯开之曰:读书太乐则漫,太苦则涩。董遇之百遍,考亭之半日,渊明之不求甚解,东坡之每事一过,庾嵩之开卷一尺,王筠之重览兴深,其各得于轮扁之甘苦者乎?吴季子书宪曰:短册恨其易竭,累牍苦于难竟。读贬激则发欲上冲,读轩松则唾壶尽碎,读滂沛而襟拨,读幽愤而心悲,读虚无之渺论而谲诞生,读拘儒之腐陈而谷神死。读遍照者,欲尽相以穷神;读岨峿者,期妥贴以惬志。读阙文而思补,读朦胧而思参。读寂漠者,非燥吻不开;读奇藻者,非清华则靡。故每读一册,必配以他部,用以节其枯偏之情调,悲喜愤快,而各归于适,不致辍卷而叹,掩袂而泣,则配之说也。弄风研露,轻舟飞阁,山雨来,溪云升,或豪集,或孤访,鸟出啼,花冷

笑,则配之适也。文章薪火

释袾宏

近时于诸经(指《楞严》等佛经)大都不用注疏,夫不泥先人之言而直究本文之旨,诚为有见。然因是成风,乃至逞其胸臆,冀胜古以为高,而曲解僻说者有矣。新学无知,反为所误,且古人胜今人处极多,其不及者什一;今人不如古人处极多,其胜者为百一,则孰若姑存之。喻如学艺者,必先遵师教以为绳矩,他时后日,神机妙手,超过其师,谁得而限之也?而何必汲汲于胜也?而况乎仍不出古人之范围也?竹窗随笔

号莲池,钱塘沈氏子。有《竹窗随笔》。

释成葵

不读书是愚痴障,读书是文字障,此义不难,当以读书不求甚解而折衷之。写心集答文敏师

字旭臣。

清

黄宗羲

> 字太冲,号梨洲,余姚人。有《南雷文定》《明儒学案》等。

(一)读书不求多,无以证理之变化,多而不求于心,则为俗学。<small>国朝学案小识</small>

(二)凡学者必先穷经,经术所以经世;必兼读史,史学明而后不为迂儒。<small>文献征存录</small>

(三)学问之道,以各人自用得著者为真。凡倚门傍户,依样葫芦者,非流俗之士,则经生之业也。此编(谓《明儒学案》)所列,有一偏之见,有相反之论,学者于其不同处,正宜著眼理会,所谓一本而万殊也。以水济水,岂是学问!<small>明儒学案凡例</small>

陆世仪

> 字道威,太仓人。有《思辨录》《桴亭全集》。

(一)古之学圣贤易,今之学圣贤难。只如读书一节,书籍之多,千倍于古。学者苟欲学为圣贤,非博学不可。然苟欲博学,则此汗牛充栋者,将何如耶?偶思得一读书法,将所读之书,分为三节:自五岁至十五为一节,十年诵读;自十五岁至二十五为一节,十年讲贯;自二十五至三十五为一节,十年涉猎。使学有渐次,书分缓急,庶学者可由此而程工,朝廷亦可因之而试士矣。思辨录

（二）凡人有记性,有悟性。自十五以前,物欲未染,知识未开,则多记性少悟性;自十五以后,知识既开,物欲渐染,则多悟性少记性。故人凡有所当读书,皆当自十五以前使之熟读,不但四书五经,即如天文、地理、史学、算术之类,皆有歌诀,皆须熟读。若年稍长,不惟不肯诵读,且不能诵读矣。思辨录

（三）悟处皆出于思,不思无由得悟;思处皆缘于学,不学则无可思。学者,所以求悟也;悟者,思而得通也。故孔子曰:"学而不思则罔,思而不学则殆。"孟子亦曰:"心之官则思。"古来圣贤未有不重思者,思只是穷理二字。思辨录

（四）思如炊火,悟到时如火候,炊火可以著力;火候著力不得,只久久纯熟,待其自至。然炊火亦有法:火力断续,则难于熟,此孟子之所谓"忘"也;火力太猛,则易至焦败,此孟子之所谓"助长"也。勿助勿忘,此中自有个妙处在。思辨录

（五）凡读书分类,不惟有益,兼省心

目。……若理学书如先儒语录之类,作一项看;经济书如《文献通考》《函史下编》《治平略》《大学衍义补》《经济类编》之类,作一项看;天文、兵法、地理、河渠、乐律之类皆然。成就自不可量也! 思辨录

(六)谢上蔡见明道,举史书成诵,明道以为玩物丧志。及明道看史,又逐行看过,不差一字,谢甚不服,后来有悟,却将此物作话头接引博学之士。愚谓上蔡不服固非,即以此作话头接引博学之士,亦非也。凡人读书皆不可稍有忽易之心,亦不可徒存记诵之念,有忽易之心则掩卷茫然,事理俱无所得;有记诵之念则随人可否,事虽察而理或遗。故上蔡记诵,而明道以为玩物丧志者,惧其详于事而略于理也。明道看史,却又逐行看过,不差一字者,求详其事将以深察其理也。凡读书之人,皆当以此为法,奈何独以此接引博学之士哉! 思辨录

(七)学字虽兼知行,然毕竟知一边多。观"何必读书,然后为学"及"仕而优则学"句,可见阳明良知之说胜至。有训学为觉者,良可叹也。 思辨录

(八)晦庵诗有云:"书册埋头何日了,不如抛却去寻春。"此晦庵著述之暇,游衍之诗也。

凡人读书用工，或考察名物，或精究义理，至纷赜难通，或思路俱绝处？且放下书册，至空旷处游衍。一游衍忽地思致触发，砉然中解，有不期然而然者。此穷理妙法。<small>思辨录</small>

张履祥

<small>字考夫，桐乡人。有《杨园全书》。</small>

（一）书籍惟六经诸史先儒理学，以及历代奏议，有关修己治人之书，不可不珍重护惜。下此则医药卜筮种植之书，皆为有用。其诸子百家近代文集，虽无可也。至于异端邪说淫辞歌曲之类，害人心术，伤败文俗，严拒痛绝犹恐不及，况可贮之门内乎？<small>训子语</small>

（二）读书只是功夫之一种，非不能读书，便无功夫也。但择善之功，惟读书为得益之易，故以为先务耳。然即读书而论，亦不可以不一矣！耳目一则心志专而义理纯熟，杂则意分而气散，即日力亦有所不给矣。<small>与何商隐书</small>

（三）友问教童子记诵，固是收其放心，然一往记诵又不见长进，如何而可？曰：教之用心而已。心之官则思，心官不失，其识自能长进。或随事问其义理，或设难令其分析，或听言察其记忆，或见人质其邪正，皆是引其用心之方。<small>淑艾录</small>

（四）为学功夫愈切实，则心愈虚；心虚而

后能从善。淑艾录

（五）学者固须读书,然不可流为学究；固须留心世务,然不可入于功利。终诸身,见诸行事,可以型家,可以范俗,穷达一致,始终一节,方不失为圣贤之徒。淑艾录

（六）读书少,则自贤；索居多,则自是。博览不归德性,广交不知观摩,却大害事。故心能存心,然后开卷有益；能修己,然后出门有功。淑艾录

（七）学问之道,固尚从容；然一任优游,难睎自得。举其通病,不出五闲。（闲思闲虑,闲言语,闲出入,闲涉猎及接闲人与闲事。）果能必有事焉,其诸慆慢非唯不敢,亦不暇矣。淑艾录

（八）熟读精思,循序渐进,此读书法当谨守之。切近编

张岱

字陶庵,剑州人,有《琅环文集》《陶庵梦忆》等。

（一）学海无涯,书囊无底,世间书怎读得尽？只要读书之人,眼明手辣,心细胆粗。眼明则巧于掇拾,手辣则易于翦裁,心细则精于分别,胆粗则决于去留。琅环文集廉书小序

（二）古人姓名有不关于文理,不记不妨,如八元八恺厨俊顾及之类是也；有关于文理者,不可不记,如四岳三老臧谷徐夫人之类是也。

（三）余解四书五经，未尝取以注疏讲章，先立成见；必正襟危坐，将白文朗诵十余过，其意义忽然有省。古人云："熟读百遍，其义自见。"盖古人正于熟读时深思其义味耳。佛家以香花灯烛，虔诵经文，亦欲人思其义味；《庄子》所谓思之思之，神鬼通之，政谓此也。琅环文集与祁文载

张尔岐

字稷若，号蒿庵，济阳人。有《春秋传义》《蒿庵集》等。

（一）邢懋循尝言其师教之读书，用连号法。初日诵一纸，次日又诵一纸，并初日所诵诵之。如是渐增引至十一日，乃除去初日所诵，每日皆连诵十号。诵至一周，遂成十周。人即中下，已无不烂熟矣。又拟目若干道于书签上，贮之筒，每日食后拈十签，讲说思维，令有条贯。逮作文时，遂可不劳余力。蒿庵闲话

（二）益人神智，信莫如书。所谓书，指经传史记之属；若《申韩管商》，及稗官小说，最坏人心术，败人德业，不可不慎也！曰：诸葛武侯以《申》《韩》之书教后主非欤？曰此武侯误用心处，当时效验，已自可见。世人以杂书教子弟，谓有裨文笔，不知人之能作文字者，原无待于此；其不能者，读此终亦无益。而刻薄狡狯，淫

泆放纵,执拗穿凿,诸病纷纷起矣。有心世道者,当严禁而痛惩之! 蒿庵闲话

(三)学者知纵酒、宿娼、赌博之当戒,不知说闲话、看闲书、管闲事之尤当戒。前三事固下流之归,稍知自爱者皆能决去。蒿庵闲话

(四)学者读书,但当论其与孔孟合不合,不必问出自何人也。蒿庵闲话

(五)因标见本,合散知总。答顾宁人书

顾炎武

初名绛,字宁人,号亭林,昆山人。有《日知录》《亭林诗文集》等。

(一)人之为学,不日进则日退,独学无友,则孤陋而难成;久处一方,则习染而不自觉。不幸而在穷僻之域,无车马之资,犹当博学审问,古人与稽,以求其是非之所在,庶几可得十之五六。若既不出户,又不读书,则是面墙之士,虽子羔原宪之贤,终无济于天下。子曰:"十室之邑,必有忠信;如丘者焉,不如丘之好学也。"夫以孔子之圣,犹须好学,今人可不勉乎? 亭林文集与人书一

(二)自少至老,手不舍书。出门,则以一骡两马,捆书自随,过边塞亭障,呼老兵诣道边酒垆,对坐痛饮,咨其风土,考其区域。若与平生所闻不合,发书详正,必无所疑而后已。马上无事,辄据鞍默诵诸经注疏,故友忽不相识,颇

责斥之;或颠队坑谷,亦无悔也。……在京师邸舍,王士正曰:"先生博学强记,请诵《古乐府蛱蝶行》可乎?"即朗诵一过,同坐皆惊。文献征存录

(三)愚自少读书,有所得辄记之。其有不合,时复改定;或古人先我而有者,则遂削之。日知录自序

(四)士不先言耻,则为无本之人;非好古而多闻,则为空虚之学。以无本之人而讲空虚之学,吾见其日从事于圣人,而去之弥远也。亭林文集与友人论学书

朱用纯

字致一,号柏庐,昆山人。有《愧讷集》。

读书须先论其人,次论其法。所谓法者,不但记其章句,而当求其义理;所谓人者,不但中举人、进士要读书,做好人尤要读书。中举人、进士之读书,未尝不求义理,而其重究竟只在章句;做好人之读书,未尝不解章句,而其重究只在义理。先儒谓今人不会读书,如读《论语》,未读时,是此等人;读了后,只是此等人,便是不曾读。此教人读书识义理之道也。要知圣贤之书,不为后世中举人、进士而设,是教千万世做好人,真至于大圣大贤,所以读一句书,便要反之于身,我能如是否? 做一件事,便要合之于书,古人是如何? 此才是读书。若只浮浮泛泛,胸中记得几句古书,

出口说得几句雅话,未足为佳也,所以又要论所读之书。尝见人家几案间,摆列小说杂剧,此最自误,并误子弟,亟宜焚弃,人家有此等书,便为不祥;即诗词歌赋,亦属缓事。若能兼通六经及《性理纲目》《大学衍义》诸书,固为上等学者;不然者,亦只是朴朴实实,将《孝经》《小学》《四书本注》,置在案头,常自读,教子弟读,即身体而力行之,难道不成就好人!难道不称为自好之士!究竟实能读书,精通义理,世间举人、进士,舍此而谁?不在其身,必在其子孙。_{劝言}

冯班

字定远,常熟人。有《钝吟诗文稿》等。

(一)读书有一法:觉有不合意处,且放过去;到他时或有悟入,不可便说他不是。_{钝吟杂录卷一}

(二)程子论《左传》云:"信其可信者。"如愚则不然,不如阙其所疑。_{钝吟杂录卷四}

(三)夫子曰:"信而好古。"宋人读书,未闻好古,只是一肚皮不信。_{钝吟杂录卷四}

(四)读书当求古本,新本都不足据。又古书字多不同,不可以此证彼。_{钝吟杂录卷四}

(五)读书当读全书,节钞者不可读。_{钝吟杂录卷二}

(六)读古人之书,不师其善言,好求诡异

以胜古人者,愚之首也。钝吟杂录卷二

（七）多读书,则胸次自高,出语皆与古人相应,一也。博识多知,文章有根据,二也。所见既多,自知得失,下笔知取舍,三也。钝吟杂录卷三

（八）开卷疾读,日得数十卷,至老死不懈,可曰勤矣,然而无益,此有说也。疾读则思之不审,一读而止,则不能识忆其文；虽勤读书,如不读也。读书勿求多,岁月既积,卷帙自富。经史大书只一遍读亦不尽。（好学深思四字,缺一不得。）钝吟杂录卷二

（九）儒有好学,而不能立功立事者,不是读书无益,只是不会看书。观其尚论古人处,皆是以意是非,不曾实实体验。如此,则读书无益。钝吟杂录卷二

（十）今人读书,自有通病,好以近代议论裁量古人也,以俗本恶书校勘古本也。胡孝辕、朱郁仪号为多学者也。胡公论诗,是非老杜,详其学问所自,不离李于麟《诗删》（胡有《杜书通》,其书绝可笑）,李君校《水经》精审之极,然其以俗本为据,意有不安。惟小注云：宋板作某字耳。以二公且如此,何尤不学小生耶？钝吟杂录卷三

（十一）今人读《史记》,只是读太史公文集

耳,不曾读史。钝吟杂录卷六

（十二）为学全在小时,年长便不成;然年长矣,亦不可不勉！钝吟杂录卷一

（十三）天下非无嗜书好古者也,然窃谓有二病焉：不具一知半解,纵涉猎经史百家,究不得古人要领,其病若青盲;好翻驳古人,不惜诬圣非经,刱为新奇炫世之说,其病若怖头狂走。青盲之病,病止一身;狂走之病,病在后世,非细故也。冯武钝吟杂录叙

申涵光

字孚孟,永年人。有《聪山集》《荆园语录》等。

（一）读书有不解处,标出以问知者;慎勿轻自改窜,银根之误,遗笑千古。荆园语录

（二）每读一书,且将他书藏过;读毕再换,其心始专。荆园语录

（三）只常常看得自己有不是处,学问便有进无退。荆园语录

（四）借书中有伪字,随以别纸记出,置本条下。荆园语录

（五）经书所载,皆古人亲身经历之事,留示后人;如前人行过底路程,向人一一指点,免得东求西问。若一概不省,任意自行,未有不错者。纵使寻着正路,亦大费力。荆园语录

（六）从古无不读书之圣贤,自心学之说

行,而六经可废矣;从古无不读书之诗人,自竟陵之派盛,而空肠寡腹者,人人坛坫自命矣。荆园语录

(七)经为经,史为纬。经如医论,史如医案。论以明病之源,案以验药之效。儒者必贯串经史,方为有用之书,其余他书皆可缓也。荆园语录

毛先舒

字稚黄,钱塘人。有《思古堂集》等。

毛稚黄曰:读书有四要:一曰收,将心收在身子里,将身收在书房里是也。二曰简,惟简斯熟,若所治者多,则用力分,而奏功少,精神疲,岁月耗矣。三曰专置心一处,无事不办,二三其心,必无成就。四曰恒,虽专心致志于一矣,而苟无恒,时作时辍,有初鲜终,亦无成也,故存恒尤要焉。读书作文谱

王夫之

字而农,号姜斋,衡阳人。有《船山全书》。

(一)读史亦博文之事,而程子斥谢上蔡为玩物丧志,所恶于丧志者,玩也。玩者,喜而弄之之谓。如《史记·项羽本纪》及窦婴灌夫传之类,淋漓痛快,读者流连不舍,则有代为悲喜,神飞魂荡而不自持。于斯时也,其素所志尚者,不知何往,此之谓丧志。以其志气横发,无益于身心也。岂独读史为然哉!经亦有可玩者,玩之

亦有所丧,如玩《七月》之诗,则且沉溺于妇子生计盐米布帛之中;玩《东山》之诗,则且淫泆于室家嚅唲寒温附摩之内;《春秋传》此类尤众。故必约之以礼,皆以肃然之心临之;一节一目,一字一句,皆引归身心,求合于所志之大者,则博可勿畔,而礼无不在矣。俟解

(二)陶渊明读书,但观大意。盖自汉以后,注疏家琐琐训诂,为无益之长言,如昔人所诮"曰若稽古"四字,释至万余言如此者,不得逐之以泛滥失归。陶公善于取舍,而当时小儒惊为迥异。乃此语流传,遂为慵惰疏狂者之口实。韩退之谓《尔雅》注虫鱼,为非磊落人;而其讥荀扬择不精,语不详,则自矜磊落者必至之病。读书者以对父母师保之心临之,一謦欬,一欠伸,皆不敢忽;而加以视于无形、听于无声之情,将顺于意言之表,方可谓畏圣人之言。以疏慵之才而效陶公,自命为磊落,此之谓自暴。俟解

毛奇龄

字大可,萧山人。有《毛西河全书》。

西河(毛奇龄别号)先生凡作诗文,必先罗书满前,考核精细,始伸纸疾书。尝曰:"凡动笔一次,展卷一回,则典故终身不忘。日积月累,自然博洽。后生小子,幸仿行之!"两般秋雨盦随笔

魏际瑞

（一）有疑要思，到上下四旁寻路不出处，然后可问。受过困闷，闻言则迎刃而解。_{魏伯子文集偶书一}

（二）读书有死工夫，无活工夫……故曰：识得一，万事毕，专而攻一，其一必破；不破而置之（谓置此而别攻），百攻焉而不破也。（谓攻百物而不能破。）攻其难，易者无足攻矣。_{魏伯子文集论文七}

（三）心如器物，置则生尘；又如山径，间则茅塞。须时以诗书之气，巡历而拂拭之。_{魏伯子文集示子}

初名祥，字善伯，宁都人。有《伯子文集》。

魏禧

（一）人不学，不知困；不疑，不能悟。禧今欲以质疑请问，反求而无其端，无所不困，同于无困，一无所悟，安得所疑。_{魏叔子文集}

（二）善读书者，在发古人所不言，而补其未备；持循而变通之，坐可言，起可行而有效，故足贵也。_{左传经世叙}

（三）语曰：信而好古，读古人书，不疑不足以信古也。予不敢废己所疑以信古人，尤不敢自信其疑。_{杂问引}

（四）史鉴虽古人陈迹，然百法俱备，识时

际瑞弟，字叔子，有文集及《左传经世》等。

务者，但须拣择用之，绝不消自己添出一毫物事，谓是补古人所无。先儒云：读书使人心粗，如云过独木桥易使跌；是要人细心读史之意，非谓桥不须过。后人误认此语，有志道学者，只看性理语录，史书置之高阁；即或涉猎，几等稗官小说而已。伊川每读史到一半，便掩卷思其成败，然后再看；有不合处，又更思之。其间有幸而成，不幸而败者，不独徇其已然之迹与众人之论。此正是怕心粗处。愚尝谓道学先生读史盖如此。恐今日自负才气，淹通史学者未必如是也。与彭中叔

（五）读书吾最苦遗忘，十倍于汝，然颇晓古人用意处。无他，用心专勤，得一理，辄日夜思之，欲措诸实事，得失何如，故所学稍得用，不倚记诵也。答世杰

（六）人不可不读史，未读时，觉自己尽高，七尺之躯昂然独上。及见前代人物，忽不觉矮矬极了，大地虽宽，竟无站足之地。里言

（七）读书听言，当自省者四：不虚心，便如水沃石，一毫进入不得。不开悟，便如胶柱鼓瑟，一毫转动不得。不体认，便如电光照物，一毫把捉不得。不躬行，便如水行得车，陆行得舟，一毫受用不得。里言

（八）读古人书，好附和、翻驳，皆病也。能以敬畏古人之心而披其疵，则几矣。里言

汪琬

藏之之难，不若守之之难；守之之难，不若读之之难，尤不若躬体而心得之之难。是故藏而弗守，犹勿藏也；守而勿读，犹勿守也。夫既已读之矣，而或口与躬违，心与迹忤，采其华而忘其实，是则呻占记诵之学，所为哗众而窃名者也，与弗读奚以异哉！古之善读书，始乎博，终乎约，博之而非夸多斗靡也，约之而非保残安陋也。善读书者，根柢于性命，而究极于事功，沿流以溯源，无不探也；明体以适用，无不达也，尊所闻，行所知，非善读者，而能如是乎？尧峰文抄传是楼记

字苕文，长洲人。有《尧峰诗文抄》。

李颙

人苟真实刻苦进修，则问与辩又乌容已。譬如行路虽肯向前直走，若遇三岔歧路，安得不问路上曲折。又安得不一辨明，故遇歧便问，问明便行，方不托诸空言。若在家依然安坐，只管问路辨程，则亦道听途说而已矣！夫道听途说，为德之弃，吾人不可不戒！李二曲学谱

字中孚，盩厔人。有《二曲集》。

汤斌

道本无穷，学贵心得。答陆稼书书

字孔伯，睢州人。有《汤子遗书》《明史稿》等。

吕留良

字庄生,号晚村,浙江石门人。有《八家古文精选》等。

(一)读书无他奇妙,只在一熟。所云熟者,非仅口耳成诵之谓,必且沉潜体味,反复熟演,使古人之文,若自己出;虽至于梦呓颠倒中,朗朗在念,不复可忘,方谓之熟。如此之文,诚不在多,虽数十百篇,可以应用不穷。吕葆中八家古文精选序

(二)读书固必熟而后用,亦有用而后熟,此又不可不知也。若必待熟而后用,则遂有虽熟而不用者矣。此其法当先勉强用之,用之既久,亦能成熟。吕葆中八家古文精选序

陆陇其

字稼书,平湖人。有《三鱼堂文集》。

(一)读书必以精熟为贵,欲速是读书第一大病,工夫只在绵密不间断,不在速也。能不间断一日,所读虽不多,日积月累,自然充足。若刻刻欲速,则刻刻做潦草工夫,此终身不能成功之道也。示大儿定征

(二)汝读书要用心,又不可性急。熟读深思,循序渐进,此八个字,朱子教人读书法也,当谨守之!又要思读书要何用?古人教人读书,是欲其将圣贤言语,身体力行,非欲其空读也。凡日间一言一动,须自省察曰:此合于圣贤之言乎?不合于圣贤之言乎?苟有不合,须痛自改

易。如此,方是读书人。示三儿宸征

（三）所读书不必欲速,但要极熟。在京师见一二博学之士,三礼四传,烂熟胸中,滔滔滚滚,真是可爱。若读不熟,安能得如此！此虽尚是记诵之功,然有此根脚,然后可就上面讲究,圣贤学问,未有不由博而约者。《左传》中事迹驳杂,读时须分别王伯邪正之辨;《注疏》《大全》此两书,缺一不可！初学虽不能尽看,幸检其易晓者,提出指示之,庶胸中知有泾渭。冬天日短,应嘱其早起,夜间他又不宜久坐。欲其务学,又不得不爱惜其精神也！示子弟帖

（四）汝到家不知作何光景,须将圣贤道理,时时放在胸中。《小学》及程氏《日程》,宜时常展玩。日间须用一二个时辰工夫在《四书》上。依我看《大全》法：先将一节书,反复细看,看得十分明白,毫无疑了,方始及于他节。如此循序渐进,积久自然,触处贯通,此是根本工夫,不可不及早做去。次用一二个时辰,将读过书挨次温习,不可专读生书,忘却看书温书两事也。目前既未有师友,须自家将工夫限定,方不至悠忽过日。努力！努力！然亦不可过劳。善读书者从容涵泳,工夫日进,而精神不疲,此又不可不知！陆清献公集

字次公,贵溪人。有《静庵集》。

郑日奎

凡人谓治生事,最妨读书事,故读书人不可理家务,若然,则读书人必皆不吃饭,不着衣,屏弃妻子而后可;不然,此中岂复有名士乎?余谓读书只是要心无所累耳,理家治生,虽烦琐猥杂,但当随分因顺,事至则应,事过则已,不以一毫留滞胸中,与读书何妨之有?若此心不能空洞,则章句文义,亦足为害;妨读书事者,即此书之中矣。昔人有不离酒肉妻子而能登仙者,是其一证。写心集示子弟

字习斋,博野人。有《颜习斋集》。

颜元

(一)法乾论读书万卷,若无实得实用,终是无益。先生曰:然。德行经济涵养俱到,读书一二卷亦足,虽不读书,亦足。试观博学,审问,慎思,明辨,皆致知事也,何字是读书?读书特致知之一端耳。颜习斋先生言行录法乾

(二)或言读书不能记奈何?先生曰:何必记,读书以明理,是借书以明吾心之理,非必记其书也。今日一种书之理开吾心,明日一种书之理开吾心,久之吾心之明自见,自能烛照万理。譬如以粪水培灌花草,久之本枝自生佳花,若以粪水著枝上,不足观矣;又如以毡银磨砻铜镜,久之本镜自出光明,若以毡银著镜上,反蔽

其明矣。颜习斋先生言行录刚峰

（三）宗人言坐读之病苦，先生曰：书之病天下久矣，使生民被读书者之祸，读书者自受其祸。而世之名为大儒者，方且要读尽天下书，方且要每篇三万遍，以为天下倡；历代君相，方且以爵禄诱天下于章句浮文之中，此局非得大圣大豪杰，不能破矣。颜习斋先生言行录禁令

李塨

语李毅武曰：读尽《论语》，非读也；但实行学而时习之一言，即为读《论语》。读尽《礼记》，非读礼也；但实行毋不敬一言，即为读《礼记》。故学不在诵读。毅武曰：君学已富，故当约礼；愚学无多，尚当博文。曰：君误视学文矣。文，诗书六艺也。诵诗作乐能言，考书知政练事，习礼乐射御书数以致用，非占毕也。颜氏学记

字刚主，号恕谷，蠡县人。有《恕谷集》《习斋年谱》等。

王心敬

所读之书，读时期于反上身来，贴切理会，遇事遇境，期将所读者依傍行习。久之，则书与我浃洽。读书既津津有味，行事亦非格格不合。读一部胜十部，读一句胜十句也。若徒入耳出口，虽多奚益！沣川家训

字尔缉，鄠人，有《沣川集》《关学编》等。

劳史

《小学》一书，蒙养即须熟读，先入其心，为

字麟书，号余山，余姚人。有《余山遗书》。

之主,便终身不忘。切近编

崔学古

（一）句读。书有数字一句者,有一字一句者,又有文虽数句而语气作一句读者,须逐字逐句,点读明白。大约句尽处侧用大点,句法稍顿处中用小点。幼训

（二）念书毋增,毋减,毋复,毋高,毋低,毋疾,毋迟。最可恨者,兴至则如骂詈,如蛙鸣;兴衰如蛩吟,如蝇鸣:凡此须痛惩之。幼训

字又尚,姑熟人。有《幼训》《少学》等,见《檀几丛书》。

熊赐履

愈收敛,愈充拓;愈细密,愈广大;愈深妙,愈高明:体玩此数言,可以知用功之要矣。迩语

字敬修,孝感人。有《迩语》《澡修堂集》。

叶弈绳

历城叶弈绳尝言强记之法云:某性甚钝,每读一书,遇意所喜好,即劄录之;录讫,乃朗诵十余遍,黏之壁间。每日必十余段,少亦六七段,掩卷闲步,即就壁间所黏录日三五次以为常。务期精熟,一字不遗。黏壁既满,乃取第一日所黏者收于笥中,俟再续有所录,补黏其处。随收随补,岁无旷日。一年之内,约得三千段;数年之内,腹笥渐富。每见务为泛览者,略得影响而止,稍经时日便成枵腹,不如予之约取而实得也。迩语

历城人。

王晫

读书听言,当自省者四:不虚心,如以水沃石,一毫进入不得;不开悟,如胶柱鼓瑟,一毫转动不得;不体认,如电光照物,一毫把捉不得;不躬行,如水行得车,陆行得舟,一毫受用不得。 松溪子

> 初名斐,号木庵,钱塘人。有《遂生集》《松溪子》等。

张英

(一)古人之书,安可尽读?但我所已读者,决不可轻弃!得尺则尺,得寸则寸,毋贪多,毋贪名。但读得一篇,必求可以背诵,然后思通其义蕴,而运用之于手腕之下,如此,则才气自然发越。若曾读此书,而全不能举其词,谓之画饼充饥。能举其词,而不能运用,谓之食物不化。二者其去枵腹无异。 聪训斋语

(二)凡读书,二十岁以前所读之书,与二十岁以后所读之书,迥异。幼年智识未开,天真纯固,所读者虽久不温习,偶尔提起,尚可数行成诵。若壮年所读,经月则忘,必不能持久。故六经、秦汉之文,词语古奥,必须幼年读;长壮后,虽倍蓰其功,终属影响。自八岁至二十岁,中间岁月无多,安可荒弃,或读不急之书……何如诵得《左》《国》一两篇,及东西汉典贵华腴之文,为终身受用之宝乎? 聪训斋语

> 字敦复,桐城人。有《聪训斋语》《恒产琐言》。

（三）读文不必多，择其精纯条畅，有气局词华者，多则百篇，少则六十篇，神明与之浑化，始为有益。若贪多务博，过眼辄忘，及至作时，则彼此不相涉，落笔仍是故吾。所以思常窒而不灵，词常窘而不裕，意常枯而不润，记诵劳神，中无所得，则不熟不化之病也。聪训斋语

（四）圣贤领要之语曰："人心惟危，道心惟微。"危者，嗜欲之心，如堤之束水，其溃甚易，一溃则不可复收。微者，礼义之心，如帷之映灯，若隐若现，见之难而晦之易。人心至灵至动，不可过劳，亦不可过逸，惟读书可以养之。每见堪舆家，平时用磁石养针，书卷乃养心妙物。闲适无事之人，镇日不观书，则起居出入，身心无所栖泊，耳目无所安顿，势必心意颠倒，妄想生嗔，处逆境不乐，处顺境亦不乐。每见人栖栖皇皇，举动无不碍者，此必不读书之人也。古人有言："扫地焚香，清福已具，其有福者，佐以读书；其无福者，便生他想。"旨哉斯言！且从来拂意之事，自不读书者见之，似为我所独遭，极其难堪；不知古人拂意之事，有百倍于此者，诚一平心静观，则人间拂意之事，可以涣然冰释者。不读书则但见我所遭甚苦，而无穷怨尤嗔忿之心，烧灼不宁，其苦为何如耶？且富盛之事，古人亦有

之,炙手可热,转眼皆空。故读书可以增长道心,为颐养第一事也。聪训斋语

阎若璩

(一)孟子曰:读书当论其世,吾谓当论其地。汉学师承记卷一

(二)若璩研究经史,寒暑弗彻,尝集陶贞白、皇甫士安语题所居之柱云:"一物不知,以为深耻;遭人而问,少有宁日。"其立志如此。年二十,读《尚书》至古文,即疑二十五篇之伪。沉潜二十余年,乃尽得其症结所在,作《古文尚书疏证》。汉学师承记

(三)国朝阎百诗,为经学大师,记诵精博,而其天资实奇钝。幼受书读百遍,始略上口。性又善病,母禁之读,遂暗记不复出声,如是者十年,一日自觉豁然。再观旧所研究本,了无疑滞,盖积苦精力之应也。郎潜纪闻

字百诗,太原人。有古文尚书疏证、《四书释地》等。

唐彪

(一)有当读之书,有当熟读之书,有当看之书,有当再三细看之书,有必当备以资查考之书。书既有正有闲,而正经之中,有精粗高下,有急需不急需之异,故有五等分别也。学者苟不分别当读者何书,当熟读者何书,当看者何书,当熟看者何书,则工夫缓急先后俱误矣。至

字翼修,兰溪人。著有《读书作文谱》《父师善诱法》等。

于当备考究之书，苟不备之，则无以查考，学问知识，何从而长哉？读书作文谱

（二）学者用心太紧，工夫无节，则疾病生焉。（惟立课程，则工夫有节。）余亲见读书过劳而夭者五六人，故父师于子弟，懒于读书者，当督责之，勿令嬉游；其过于读书者，当阻抑之，勿令穷日继夜，此因材立教之法也。读书作文谱

（三）心非静不能明，性非静不能养，静之为功大矣哉！灯动则不能照物，水动则不能鉴物，静则万物毕见矣。惟心亦然，动则万理皆昏，静则万理皆彻。古人云："静生明。"《大学》曰："静而后能安，安而后能虑。"颜子未三十而闻道者，静之至也。伊川见其徒有闭户澄心静坐者，则极口称赞。或问于朱子曰："程子每喜人静坐，何如？"朱子曰："静是学者总要路头也。"读书作文谱

（四）朱子云："读书之法，先要熟读；熟读之后，又当正看背看左看右看。看得是了，未可便说是，更须反复玩味。"乃吴主教吕蒙读书，与诸葛孔明读书，皆止观大意，则又何也？彪尝以意推之：大凡书有必宜熟读者，有止宜看而会其大意者。至于读书之人，亦有不同，或年长而且禄仕，记性既衰，事机繁杂，读书止取记其理，不

取记其词,所以有观大意之说也。少壮未仕者,记性既优,事复稀少,读书既欲精其理,又欲习其词,所以有熟读熟看之说也。二者各有所指,学者既知其异,又不可不求其同。盖大意所在,即书之纲领,一篇之中,不过数句,加功记之,乃读书至简捷之法。吴主、孔明致功如此,即朱子于但当看之书亦何尝不如此也?故曰求其异,又不可不知其同。读书作文谱

(五)凡古文时艺,读之至熟,阅之至细,则彼之气机,皆我之气机,彼之句调,皆我之句调,笔一举而皆趋赴矣。苟读之不熟,阅之不细,气机不与我浃洽,句调不与我镕化,临文时不来笔下为我驱使,虽多读何益乎?读书作文谱

(六)凡读书者,一当论世,次当论地。世之纯浇不同,地之风俗各异,古圣人良法美意,不能行于后世,不可行于殊方远域者甚多,后之人,何能拂乎时势风俗,以求合古也?得此意以读书,则无书不获益矣。读书作文谱

(七)凡书之托名者甚多,苟其书真美善,不必问是其人所著否也。人之有大学识者,其淑世之心,每不能自已。笔之于书,又恐不行于世,故托前世圣贤以名之,无害其善也。后之人,辩而赞美之可也,尚知其伪,不言其美,令无

知者信吾言,而鄙弃其书,则辨之者之过矣。惟真庸陋之书,则辟之自不容已也。读书作文谱

（八）凡观书史,须虚心体认。譬如国家之事,单就此一件看,于理亦是,合前后利弊看,内中却有不是存焉。又国家之事,单就此一件看,似乎不是,合前后利弊看,又有大是处存焉。故凡事之是非,必通体观其事之前后得力,方足据也。读书作文谱

（九）读书能记,不尽在记性,在乎能解。何以见之？少时记性胜于壮年,不必言矣；然尽有少时读书不过十余行,而壮年反能读三四十行；或少时阅书一二张,犹昏然不记,壮年阅书数十张,竟皆能记其大略者。无他,少时不能解,故不能记；壮年能解,所以能记也。横渠子曰："凡人能透彻大原之后,书即易记。"此言先得我心也,惟经历者始知之。读书作文谱

（十）凡书有难解书,必是著书者持论原有错误,或下字有未妥贴,或承接有不贯串,不可谓古人之言尽无弊也,故读书贵识。

（十一）凡书文有圈点,则读者易于领会,而句读无讹。不然,遇古奥之句,不免上字下读,而下字上读矣。又文有奇思妙论,非用密圈,则美境不能显；有界限断落,非画断,则章法

与命意之妙不易知；有年号国号，地名官名，非加标记，则披阅者苦于检点，不能一目了然矣。读书作文谱

（十二）凡书有纲领，有条目，又有根因，有归重。如《春秋》为纲，三《传》为目；《大学》圣经首节是纲，明明德两节是目。文章策对有纲领，有条目。其余书文可分纲目者少，宜分根因与归重者多。盖根因者，书与文之所由作；归重者，书与文之主意所在是也。今书文纲领条目之分，人皆知之，而根因与归重之故，人多昧之；昧之，则不知书文之所以然矣，余特揭根因归重四字，分别其标记，庶几阅书阅文有定见，而书文亦易明悉矣。读书作文谱

（十三）天下之理，不多方阐明，则不能透彻；但阐发既多，又苦书籍浩繁，不能记忆，开卷即了了，掩卷则茫然，不能得其益矣。若阐发详悉之后，更以诗歌约语括之，虽数千百言可约之于数十字，何其简易也！而著书者恐人鄙其俚俗，每不欲见于书册。噫！一书之中，诗歌约语能有几何？虽俚俗无害也。若欲尽避之，令阅者不受其益，何赖有此书乎？人何不深思之也！读书作文谱

（十四）凡书随读随解，则能明晰其理，久

久胸中自能有所开悟。若读而不讲，不明其理，虽所读者盈笥，亦与不读者无异矣。父师善诱法

（十五）古人学问并称，明均重也；不能问者，学必不进。为父师者当置册子与子弟，令之日记所疑，以便请问。父师善诱法

（十六）书有不识字而读讹别者，亦有识字而读讹别者，在读者俱不自知；先生须用心听审，如有之，急令改正，否则日久习以为常，以讹传讹矣。更令其于讹别字旁，加一角圈为之标记，庶几读到其处，触目动心，自能改正。父师善诱法

高拱京

号安蔬老人，有《高氏塾铎》，见《檀几丛书》。

读书必有暗地工夫，方能进益。一边读，一边想，坐则读，闲则记，夜则思量；至于与众游适，亦念念在此，必求理路透彻而后已，此真读也。若口吾伊而心玩好，身学馆而心务外，日计有余，月计不足，徒縻廪饩，以瞒父兄；其父兄不知，亦曰读书无益。此是假读，与不读者同。故余以读书在能好，好则嗜之如饴，慕之如宝，而于读思过半矣。高氏塾铎

邵长蘅

字子湘，武进人。有《青门集》。

读书莫先于治经。愚意欲画以岁月，《易象》《诗》《书》《春秋》《三礼》诸书，以渐而及。不必屑屑拘牵注疏，务融液其大指所在。然后综

贯诸史,以验其废兴治忽之由;旁及子集,以参其邪正得失之故;又恐力不能兼营,史自左氏、司马、班、范、《三国》、《南北》、《五代》而外,子自庄、列、荀、扬、韩非、吕氏、贾、董而外,集自韩、柳、欧、苏、曾、王而外,或略加节抄,可备采择。此读书之渐也。与魏叔子书

尤侗

古人读书有三难,今人读书有三易。竹简烦重,虽充栋汗牛,实不过数种;有刻本,则一室中可藏十重十缇,一易也。写本不能佣人,尝手抄目诵,有不出房六年日课五十纸者;有刻本,不必巾箱细字,可作五经笥,二易也。《穆天子传》云:"群玉山先王谓之册府。"秦之兰台,汉之天禄,唐之集贤,书集京师,士庶家不获全睹;故班嗣有赐书,父党造门,而皇甫谧至上表求借;有刻本,则五都之市,比于四库,三易也。然而今人读书,往往不及古人,古人有书楼、书仓、书厨、书巢等号,而今人绝无,其故亦有三:古人以得书难,校雠精详,无亥豕陶阴之误;今人虽遇疑字,点头看过,谁能校书如扫尘者?古人以得书难,收藏秘密,表以牙签,覆以锦帕,辟以芸香,至杜预以借书为痴,杜暹以鬻书为罪;今人狼藉几案,多为蠹鱼石鼠所毁,梅雨寒具所污,

字同人,更字展成,长洲人。有《西堂杂俎》等书。

犯二杜之戒者,正自不少。古人以得书难,昼夜披吟,若护鸡抱犬,投斧握锥之类;今人纨袴之家,华匵缇巾,空束高阁,犹之赵韩王西宅,陈升之西楼,非不壮丽,仅肩舆一游而已。予每与同志言及,未尝不太息! 读书社引

张潮

字山来,一字心斋,歙县人。有《虞初新志》《幽梦影》等。

(一)经传宜独坐读,史鉴宜与友共读。幽梦影

(二)少年读书,如隙中窥月;中年读书,如庭中望月;老年读书,如台上玩月,皆以阅历之浅深,为所得之浅深耳。幽梦影

(三)藏书不难,能看为难;看书不难,能读为难;读书不难,能用为难;能用不难,能记为难。(按洪去芜曰:"心斋以能记次于能用之后,想亦苦记性不如耳;世固有能记而不能用者。"王端人曰:"能记能用,方是真藏书人。"张竹坡曰:"能记固难,能行尤难。"诸家之言皆可与此则相参证。)幽梦影

(四)凡事不宜刻,若读书则不可不刻! 凡事不宜贪,若买书则不可不贪! 幽梦影

(五)读生书不若温旧业。幽梦影

(六)涉猎虽曰无用,犹胜于不通古今。幽梦影

（七）善读书者，无之而非书；山水亦书也，棋酒亦书也，花月亦书也。幽梦影

（八）能读无字之书，方可得惊人妙句；能会难通之解，方可参最上禅机。幽梦影

（九）先读经，后读史，则论事不谬于圣贤；既读史，复读经，则观书不徒为章句。幽梦影

李光地

字晋卿，安溪人。有《周易通论》《榕村全集》等。

（一）口不绝吟于六艺之文，手不停披于百家之编，记事必提其要，纂言者必钩其玄。贪多务得，细大不捐，焚膏油以继晷，恒兀兀以穷年。此文公（韩愈）自言读书事也。其要诀却在记事纂言两句：凡书目过口过，总不如手过；盖手随则心必随之，虽览诵二十篇，不如钞撮一次之功多也。况必提其要，则事不容不详；必钩其玄，则思理不容不精。若此中更能考究同异，剖断是非，而记所疑附以辨论，则濬之愈深，著心愈牢矣。李榕村集

（二）读书要搜根，搜得根，便不会忘。将那一部书分类纂过，又随章劄记；复全部串解，得其主意，便记得。李榕村集

（三）读经者且不要管他别样，只教他将一部经，一面读，一面想。用功到千遍，再问他所得便好。李榕村集

（四）读书只赞其文字好，何益？须将作者之意发明出来，及考订其本之同异，文义之是否，字字不放过，方算得看这部书。李榕村集

（五）读书不透，多亦无益，然亦未有不多而能透者。李榕村集

（六）自汉以来的学问务博而不精，圣贤无是也。太公只一卷《丹书》，箕子只一篇《洪范》，朱子读一部《大学》，难道别的道理文字他都不晓，然得力只在此。某尝谓学问先要有约的做根，再泛滥诸家，广收博采，原亦不离约的，临了仍在约的上归根复命。如草木然：初下地原是种子，始有根有干有花有叶，临了仍结种。到结了种，虽是小小的，而根干花叶无数精华都收在里面。李榕村集

（七）读书要有记性。记性难强，须用精熟一部书之法，不拘大书小书，能将这部烂熟，字字解得，道理透明，诸家说俱能辨其是非高下，此一部便是根，可以触悟他书。如领兵十万一样看待，便不得一兵之力，如交朋友全无亲疏厚薄，便不得一友之助。领兵必有几百亲兵死士，交友必有一二意气肝胆，便此外皆可得用，何也？我所亲者，又有所亲，因类相感，无不通彻。只是这部书却要实是丹头，方可通得去，倘熟一

部没要紧的书,便没用。如领兵却亲待一伙极作奸犯科的兵,交友却结交一班无赖的友,如何联属得来！ 李榕村集

（八）读书博学强记,日有程课,数十年不间断。当年吴下顾亭林,今四舍弟耜卿,皆曾下此工夫。亭林十三经尽皆背诵,每年用三个月温理,余月知新,其议论简要有裁剪,未见其匹。耜卿亦能背诵十三经而略通其义,可不谓之贤乎！但记诵所以为思索,思索所以为体认,体认所以为涵养也。若以思索体认涵养为记诵带出来的工夫,而以记诵为第一义,便大差。必以义理为先,开卷便求全体大用所在,至于义理融透浃洽,自然能记,即偶然忘记亦无害。 李榕村集

（九）人于书有一见便晓者,天下之弃材也；须是积累而进,温故知新,方能牢固。如富贵家儿生来便有得用,他看钱物,天然不爱惜；惟辛勤成家,便一草一木,爱之护之。读书从勤苦中得些滋味,自然不肯放下。往往见人家子弟,一见便晓,多无成就。有人自讼其过:生平好读新书不喜读旧书,亦是大病。 李榕村集

（十）人须要用心。但用过心,不独悟过好,只疑过亦好；不但记得好,就不记得亦好。中有个根子,便有时发动。 李榕村集

姓爱新觉罗，名玄烨，有《庭训格言》等。

清圣祖

（一）凡看书不为书所愚始善。即如董子所云："风不鸣条，雨不破块，谓之升平世界。"果使风不鸣条，则万物何以鼓动发生？雨不破块，则田亩如何耕作布种？以此观之，俱系粉饰空文而已。似此者，皆不可信以为真也。庭训格言

（二）人心虚则所学进，盈则所学退。朕生性好问，虽极粗鄙之夫，彼亦有中理之言；朕于此等，决不遗弃，必搜其源而切记之，并不以为自知自能，而弃人之善也。庭训格言

（三）朕自幼读书，间有一字未明，必加寻绎，务至明惬于心而后已。不特读书为然，治天下国家不外是也。庭训格言

（四）读古人书，当审其大义之所在，所谓一以贯之也。若其字句之间，即古人亦互有异同，不必指摘辨驳，以自伸一偏之说。庭训格言

（五）人在幼稚，精神专一通利，长成以后，则思虑散逸外驰。是故应须早学，勿失机会。朕七八岁时，所读之经书，至今五六十年，犹不遗忘。至于二十以外所读经书，数月不温，即至荒疏矣。然人或有幼年遭逢坎壈，失于早学，则于盛年尤当励志。盖幼而学者，如日出之光；壮而学者，如炳烛之光；虽学之迟者，亦贤乎始终

不学者也。庭训格言

沈近思

读书全在专一，专一则精熟，而意味日出，心得无穷。若一书未竟，又读一书，杂而无功，徒废岁月。东坡所谓学者须精熟一两书，其余如破竹数节，后皆迎刃而解也。箴言类钞

字位山，仁和人。有《天鉴堂文集》。

沈德潜

读诗者，心平气和，涵泳浸渍，则意味自出；不宜自立意见，勉强求合也。况古人之言，包含无尽；后人读之，随其性情浅深高下，各有会心。如好《晨风》而慈父感悟，讲《鹿鸣》而兄弟同食，斯为得之。董子云："诗无达诂。"此物此志也。
清诗别裁凡例

字确士，长洲人。有《古诗源》《归愚诗文钞》等。

汪惟宪

（一）古人读书，贵精不贵多，非不事多也，积少以至多，则虽多而不杂，可无遗忘之患。此遂如长日之加益，而人不觉也。一言以蔽之曰："无间断。"间断之害，甚于不学，一暴十寒，人生几何！必由甫离成童，即排岁月次第为之。以中下之资自居，每日限读书若干，一岁之中，除去庆吊、祭扫、交接、游宴等事，大率以二百七十日为断；此二百七十日，须严立课程，守其道而无变。十年之间，经书可毕；且如此绳绳不已，

字子宜，仁和人。有《寒灯絮语》《积山诗文集》等。

则资之钝者亦敏，而书可渐增加。再十年，子史古文，俱渐次可毕矣。寒灯絮语

（二）观大部书须细，须耐久。伊川先生每读史到一半，便掩卷思其成败，然后再看；有不合处，又更思之。此耐久而细也。寒灯絮语

许珩

珩著《周礼献疑》七卷，能疑所当疑，不疑所不当疑。汉学师承记

字楚生，仪征人。有《周礼献疑》。

刘大櫆

（一）凡行文字句短长，抑扬高下，无一定之律，而有一定之妙，可以意会，不可以言传。学者求神气而得之音节，求音节而得之字句，思过半矣。其要只在读古人文字时，设以此身代古人说话，一吞一吐，皆由彼而不由我。烂熟后，我之神气，即古人之神气，古人之音节，都在我喉吻间。合我喉吻处，便是与古人神气音节相似处，自然铿锵发金石。论文偶记

（二）古人文章可告人者，惟法耳；然不得其神而徒守其法，则死法而已。要在自家于读时微会之。论文偶记

字才甫，桐城人。有《海峰诗文集》。

张伯行

（一）吕献可云："读书不须多，读得一字，行取一字。"伊川亦曰："读得一尺，不如行得一

字孝先，仪封人。有《正谊堂全书》。

寸。"盖读书不能力行，只是说话也。然学者趋向末端，欲体认力行，莫若常触于目，以警于心，将古人嘉言懿行，足以启发童蒙。为蒙师者，宜于每日功课之余，令幼童各书一条，贴于壁上，以便观览。一月三十条，完则令写于课本；下月复然，食息起居，举目即是。不但记诵之熟，须从容默会，久而自化，其所以观感而兴起者多矣。不宁惟是，学者凡读他书，亦依此法，日无间断，朱子所谓不知不觉，自然相触发者也。养正编要言

（二）读书要得古人之心，且要因其文词而得古人立言之意。孟子所谓"以意逆志，是为得之"，此真读书之善法。学规类编

（三）贺阳亨曰：陈士贤遇格言，即手录于册，以为力行之助。胡康侯性稍峻，订一小册，凡书有"宽"字者即录之。吕东莱性亦隘，读《论语》至躬自厚节，遂悟从缓。三先生皆自知质性未纯而善变者。困学录集粹

（四）学者贵卓然自立，尤贵奋发有为。只一个待字，断送了古来多少人，故因循最足害事。有待而兴，便是凡民，凡民自甘为凡民，非天有以限之；无待而兴，即为豪杰，豪杰自为豪杰，非人有以助之。困学录集粹

（五）读书有不晓处，剳出俟去问人；亦有时读别处，撞着文义与此相关者，便自晓得。朱子读书，往往用此法。因学录集粹

（六）李翱有言：观《诗》时则不知有《书》，观《书》者则不知有《诗》，此就诵读之时，专心致志言之耳。若理会道理，则《诗》道性情，《书》道政事，虽有不同，其道理总是一个。因学录集粹

（七）人生一日而不读书，与读书而无法程，虽勤惰不同，其失则均。……《书》曰"予思日孜孜"，《诗》曰"日就月将"，虽不言其所以，然意必有一定之程，而后奉以从事也。后世学者，不见古文，遂云皋夔稷契，何书可读？大言欺人，掩其空疏，不亦谬乎！夫夜以继日者，周公之勤也；不寝废食者，尼父之敏也；分治事与穷经者，苏湖之教也。诗书濯其灵腑，史籍长其精神，文章抒其见识，又学者无穷之乐也。慵废荒经，不学墙面，玩愒既久，岁月坐消，纵桑榆思奋，而羲御已驰。匪惟余之是忧，亦二三子之所羞。读书日程

王应奎

字东溆，常熟人，有《柳南文钞》《柳南随笔》等。

（一）读书须读古本，往往一字之误，而文义遂至判然。如《周语》"昔我先王世后稷"，注云："后，君也；稷，官也；父子相继为世。"盖指弃

与不窋而言。谓昔我先王世君此稷之官也。考之《史记·周本纪》亦然。而今本直云"昔我先世后稷",似后稷专属之一人,又几讹为周家之后稷矣。若将我先二字读断,则又成何句法乎?又瞽献曲,注云:"曲,乐曲也。"曲字与典字笔画相近,今本遂多误刊;而不知瞽之于典,初不相蒙也。又《桃花源记》欣然规往,规,画也。规字与亲字笔画相近,今又亦多误刊,而不知既云亲往,下文不应又说未果矣。*柳南随笔*

(二)读书当求古本,新本都不足据,此冯钝吟《读古浅说》之言也。然古本亦有不足据处,如《南史·王筠传》云:知音者稀,真赏殆绝。而东莱《十七史详节》赏字误刻奇字,韩宗伯熟于《南史》,而此句屡用,却不解奇之为赏,又岂非古本误之哉!*柳南续笔*

钱陈群

字主敬,嘉兴人。

钱泰吉辑嘉兴钱文端公、陈群遗事:公尝请益于孙华隐先生曰:"何以博耶?"先生曰:"读古人文,就其篇中最胜处记之,久乃会通。"后述于竹垞先生,先生曰:"华隐言是也,世安有过目一字不忘者耶?"公尝举以为读书法。*读书法汇*

郑燮

字克柔,号板桥,兴化人。有《板桥集》。

(一)诚知书中有书,书外有书,则心空明而理圆湛。岂复为古人所束缚而略无主张乎?岂复为后世小儒所颠倒迷惑反失古人真意乎?

范县署中寄舍弟墨第三书

(二)总是读书要有特识,依样葫芦,无有是处。而特识亦不外乎至情至理,歪扭乱窜,无有是处。*范县署中寄舍弟墨第三书*

(三)学者自出眼孔,自竖脊骨读书可尔。

范县署中寄舍弟墨第三书

(四)读书以过目成诵而能,最是不济事,眼中了了,心下匆匆,方寸无多,往来应接不暇,如看场中美色,一看即过,与我何与也?千古过目成诵,孰有如孔子者乎?读《易》至韦编三绝,不知翻阅过几千百遍来,微言精义,愈探愈出,愈研愈入,愈往而不知其所穷,虽生知安行之圣,不废困勉下学之功也。东坡读书不用两遍,然其在翰林读《阿房宫赋》至四鼓,老吏苦之,坡洒然不倦,岂以一过即记,遂了其事乎?惟虞世南、张睢阳、张方平,平生书不再读,迄无佳文,且过辄成诵,又有无所不诵之陋。即如《史记》百三十篇中,以《项羽本纪》为最;而《项羽本纪》中又以钜鹿之战、鸿门之宴、垓下之围为最。反复诵观,可欣可泣,在此数段耳。若一部《史记》,篇篇都记,岂非没分晓的钝汉?更有小说家言,各种传奇恶曲,及打油诗词,亦复寓目不忘,如破烂厨柜,臭油坏酱,悉贮其中,其龌龊亦耐不得。潍县署中寄舍弟墨第一书

陈宏谋

昔人谓不可以世务妨读书,只当以读书通世务。吾谓苟以理道之心应世,则世务正无妨于读书,而且有益于读书也。每见人于世情能觑破一分,于身心有一分体贴,则于古圣贤语,便觉津津有味。须讲求身心格致之学,知在此,行亦在此,以此学,即以此仕。箴言类钞

字榕门,桂林人。有《五种遗规》。

夏之蓉

年十九,吾父见背,家道中落,益刻苦学问。《周易》、《尚书》、三《礼》一钞,《毛诗》、《左氏春秋》再钞,《史记》、《汉书》节钞,汉、唐、宋、元、明诸家文汇钞。今诸本具存,凡详批密注,逐加丹黄者,悉吾二十岁以前所诵习也。丙子六秩自述书付子侄

字芙裳,高邮人。有《半舫斋诗抄》。

袁枚

(一)大抵古之圣贤,未有不以读书穷理为功者。《书》称学古入官,《易》称君子多识前言往行以畜其德。子贡曰:"贤者识其大者,不贤

字子才,钱塘人。有《随园全集》。

者识其小。"孟子曰:"博学而详说之,将以返说约也。"皆是格物致知之本旨。而子路曰:"何必读书,然后为学?"则尤见圣人教人,直以读书为学矣。书大学补传后

(二)古人之书,亦至多矣。书能使人智,亦能使人愚;能使人歉然不足,亦能使人傲然自恃。善读书者常不足而智,不善读书者常自恃而愚。与是仲明书

(三)闻足下与吴门诸士厌宋儒空虚,故创汉学以矫之,意良是也。第不知宋儒有弊,汉儒更有弊,宋儒偏于性而上者,故心性之说近元虚;汉儒偏于形而下者,故笺注之说多附会。虽舍器不足以明道,《易》不画,《诗》不歌,无悟入处。而毕竟乐师辨乎声,《诗》则北面而弦矣。商祝辨乎丧,《礼》则后主人而立矣。艺成者贵乎?德成者贵乎?而况其援引妖谶,臆造典故,张其私说,显悖圣人,笺注中尤难缕指,宋儒廓清之功,安可诬也?答惠定宇书

(四)古人常有驳辨语,可以应声而答,而仓卒不及者,余为不平。王安石笑人不读书,赵清献驳曰:皋夔稷契,所读何书?安石默然。何不笑云:"君不读书,何从知有皋夔稷契!"温飞卿笑令狐绹云:事出《南华》,非僻书也。令狐不

能答。何不答之曰:"贤者识其大者,不贤者识其小者。"牍外余言卷一

(五)书非借不能读也,子不闻藏书者乎?七略四库,天子之书,然天子读书者有几?汗牛塞屋,富贵家之书,然富贵人读书者有几?其他祖父积,子孙弃者,无论焉。非独书为然,天下物亦然。非夫人之物而强假焉,必虑人逼取而惴惴焉,摩玩不已。曰今日存,明日去,吾不得而见之矣。若业为吾有,必高束焉,庋藏焉,曰姑俟异日观云尔。黄生借书记

(六)学问之道,四子书如户牖,九经如厅堂,十七史如正寝,杂史如东西两厢,注疏如枢闑,类书如厨柜,说部如庖湢井匽,诸子百家诗文词如书舍花园。厅堂正寝可以合宾,书舍花园可以娱神。今之博通经史而不能为诗者,犹之有厅堂大厦,而无园榭之乐也;能吟诗词而不博通经史者,犹之有园榭,而无正屋高堂也。是皆不可偏废。随园诗话

程晋芳

新安程鱼门编修晋芳,年六十,犹日有课程,温习经史。经或几章,史或几卷,流览古人诗文几册,以小盂贮红豆,记其所读之数,夕则覆验之。徐受昌撰墓表

字鱼门,安徽歙县人。有《勉行斋文》等。

字凤喈,江苏嘉定人。有《十七史商榷》。

王鸣盛

(一)好著书不如多读书,欲读书必先精校书。校之未精而遽读,恐读亦多误矣;读之不勤而轻著,恐著且多妄矣。十七史商榷

(二)大抵史家所记典制,有得有失,读史者不必横生意见,驰骤议论,以明法戒也;但当考其典制之实,俾数千百年建置沿革了如指掌。其事迹则有美有恶,读史者不必强立文法,擅加与夺,以为褒贬也;但当考其事迹之实,年经事纬,部居州次,记载之异同,见闻之离合,一一条析无疑,而若者可褒可贬,听诸天下为公论焉可矣。十七史商榷

(三)夫学必以通经为要,通经必以识字为基。问字堂集序

字东原,安徽歙县人。有《戴氏遗书》。

戴震

(一)先生言:总须体会孟子条理二字,务要得其条理。由合而分,由分而合,则无不可为。戴东原先生年谱

(二)先生言:学贵精不贵博。吾之学,不务博也。戴东原先生年谱

(三)先生十六七以前,凡读书,每一字必求其义。塾师略举传注训诂语之,意每不绎。塾师因取近代字书及汉许氏《说文解字》授

之,先生大好之。三年,尽得其节目。又取《尔雅》《方言》及汉儒传注笺之存于今者,参伍考究。一字之义,必本六书,贯群经以为定诂。由是尽通前人所合集《十三经注疏》,能全举其辞。先生尝谓玉裁曰:"余于疏不能尽记,经注则无不能背诵也。"又尝曰:"经之至者道也;所以明道者辞也;所以成辞者字也,必由字以通其辞;由辞以通其道,乃可得之。"戴东原先生年谱

(四)先生言:为学须先读礼,读礼要知得圣人礼意。

(五)先生言:知得十件,而都不到地;不如知得一件,却到地也。

(六)先生言:阎百诗善读书,百诗读一句书,能识其正面背面。戴东原先生年谱

(七)生十岁,就傅读书,过目成诵,日数千言不肯休。授《大学章句》右经一章以下,问其塾师曰:"此何以知为孔子之言,而曾子述之?又何以知其为曾子之意,而门人记之?"师应之曰:"此先儒子朱子所注云尔。"即问子朱子何时人也?曰:"南宋。"又问孔子曾子何时人也?曰:"东周。"又问宋去周几何时矣?曰:"几二千年矣。"又问然则子朱子何以知其然?师无以

应。戴先生行状

（八）今人读书，尚未识字，辄薄训诂之学。夫文字之未能通，妄谓通其语言；语言之未能通，妄谓通其心志，此惑之大者也。汉学商兑

赵翼

> 字耘叔，阳湖人。有《瓯北诗集》《廿二史劄记》等。

闲居无事，翻书度日，而资性粗钝，不能研究经学。惟历代史书，事显而义浅，便于流览，爰取为日课，有所得辄劄记别纸，积久遂多。廿二史劄记小引

阎循观

> 字怀庭，昌乐人。有《困勉斋私记》等。

观书如交友，久与之习，必有熏染，宜择而观之。箴言类钞

姚鼐

> 字姬传，桐城人。有《惜抱轩集》。

（一）凡书少时未读，中年阅之便恐难记，必随手抄纂。退之"记事提要，纂言钩玄"，固古今为学之定法也。与陈定明书

（二）书内言蕲辟汉，此差失蕲意。……夫言学何时代之别？多闻择善而从，此孔子之法也，善岂以时代定乎？博闻强识，而用心宽平，不自矜尚，斯为善学。守一家之言则狭，专执己见则陋。与吴子方书

（三）经学用切，诚为要务。窃谓学者以潜心玩索，令胸中有浸润深厚之味，不须急急著

述,斯为最善学也。作文作诗,亦以此意通求之为佳耳。与陈硕士书

(四)大抵学古文者,必要放声疾读,又缓读,只久之自悟。若但能默读,即终身作外行也。与陈硕士书

(五)瞻于目,诵于口,而书于手,较其离合,而量剂其轻重多寡,朝为而夕复。复江进士辉祖书

(六)文章之事,有可言喻者,有不可言喻者。可言喻者,韩柳诸公所言论文之旨,彼固无欺人语;后之论文者,岂能更有以逾之哉!若夫不可言喻者,则在乎久为之自得而已。震川有《史记》阅本,于学文者最有益。圈点极发人意,有愈于解说者矣。可借一部临之。熟读必觉有大胜处。答徐季雅书

(七)凡诗文事与禅家相似,须由悟入,非语言所能传。然既悟后,则返观昔人所论文章之事,极是明了也。欲悟亦无他法,熟读深思而已。与姚石甫书

汪绂

读书不会疑,便是不会读;疑而不能悟,亦是不会读,总是未尝用心去求得之病。清儒学案小识

初名绂,字灿人,号双池,婺源人。有《大风集》等。

字懋堂，金坛人。有《经韵楼集》《说文解字注》。

段玉裁

（一）志存闻道，必空所依傍。汉儒故训，有师承，有时亦有傅会，晋人傅会凿空益多，宋人则恃胸臆以为断，故其袭取者多谬，而不谬者在其所弃。我辈读书，原非与后儒竞立说，宜平心体会，经文有一字非其的辞，则于所言之意必差，而道从此失。宋以来儒者，以己之见，硬坐为古圣贤立言之意，而语言文字实未之知。其于天下之事也，以己所谓理强断行之，而事情源委隐曲实未能得，是以为于心无愧，而天下受其咎，其谁之咎，不知者且以实践躬行之儒归焉。与某书

（二）学者莫病于株守旧闻，而不复能造新意；莫病于好立异说，而不深求之以至其精微所存。春秋究遗序

字实斋，会稽人。有《文史通义》等。

章学诚

（一）学也者，效法之谓也。……效法者，必见于行事，诗书诵读，所以求效法之资而非可即为效法也。然古人不以行事为学，而以诗书诵读为学者，何邪？盖谓不格物而致知则不可以诚意，行则如其知而出之也。故以诵读为学者，推教者之所及而言之，非谓此外无学也。子路曰："有民人焉，有社稷焉，何必读书，然后为

学。"夫子斥以为佞者,盖以子羔为宰,不若是说,非谓学必专于诵读也,专于诵读而言学,世儒之陋也。文史通义原学上

族子廷枫曰:叔父(章学诚)每见学者自言苦无记性,书卷过目辄忘,因自解其不学。叔父辄曰:君自不善学耳。果其善学,记性断无不足用之理。书卷浩如烟海,虽圣人犹不能尽,古人所以贵博者,正谓业必能专,而后可与言博耳。盖专则成家,成家则已立矣。宇宙名物,有切己者,虽锱铢不遗;不切己者,虽泰山不顾。如此用心,虽极钝之资,未有不能记也。不知专业名家,而泛然求圣人之所不能尽,此愚公移山之智,而同斗筲之见也。文史通义假年按语

(二)读书劄记,贵在积久贯通。章氏遗书与族孙汝楠论学书

(三)《学记》谓学有四失:或失则多,或失则寡,或失则易,或失则止。寡与易止之失,人所知也;多之为失,今人所不知也。丙辰劄记

(四)惠士奇谓不读非圣之书者,非善读书,此可为专退自封之学究作顶门针。丙辰劄记

(五)古经传文不可解者多矣,疑以阙之;先儒传记,误者辨之。方苞氏嫌周公践阼之说,而直删文王世子之文,妄诞甚矣。丙辰劄记

> 字容甫，江都人。有《述学》。

汪中

古今异，宜其有不可通者，信古而阙疑可也。述学周官征文

王念孙

> 字怀祖，江苏高邮人。有《读书杂志》等。

大人（念孙）曰："诂训之指，存乎声音，字之声同声近者，经传往往假借。学者以声求义，破其假借之字，而读以本字，则涣然冰释。如其假借之字而强为之解，则诘鞠为病矣，故毛公《诗传》，多易假借之字，而训以本字，已开改读之先。至康成笺《诗》注《礼》，娄（屡）云某读为某，而假借之例大明。后人或病康成破字者，不知古字之多假借也。"大人又曰："说经者，期于得经意而已。前人传注，不皆合于经，而择其合经者从之；其皆不合，则以己意逆经意，而参之他经，证以成训，虽别为之说，亦无不可。必欲专守一家，无少出入，则何劭公之墨守，见伐于康成矣。"故大人之治经者，诸说并列，则求其是；字有假借，则改其读，盖孰（熟）于汉学之门户，而不囿于汉学之藩篱也。王引之经义述闻自序

王引之

> 字伯申，高邮人。著有《经传释词》《经义述闻》。

自珍爱述平生所闻于公者，曰："吾之学，于百家未暇治，独治经；吾治经，于大道不敢承，独好小学。夫三代之语言，与今之语言，如燕越之

相语也。吾治小学,吾为之舌人焉。其大归曰:用小学说经,用小学校经而已矣。"又闻之公曰:"吾用小学校经,有所改,有所不改:周以降,书体六七变,写官主之;写官误,吾则勇改。孟荀以降,槧工主之;槧工误,吾则勇改。唐宋明之士,或不知声音文字而改经,以不误为误,是妄改也,吾则勇改其所改。若夫周之没,汉之初,经师无竹帛,异字博矣,吾不能择一以定,吾不改。假借之法,由来旧矣,其本字什八可求,什二不可求,必求本字以改假借字,则考文之圣之任也,吾不改。写官槧官误矣,吾疑之,且思而得之矣。但群书无左证,吾惧来者之滋口也,吾又不改。"龚自珍工部尚书高邮王文简公墓表铭

崔述

字武承,大名人。有《崔东壁遗书》。

(一)孟子曰:"尽信书,则不如无书;吾于《武成》取二三策而已矣。"圣人之读经,犹且致慎如是,况于传注,又况于诸子百家乎?孟子曰:"博学而详说之,将以反说约也。"然则欲多闻者,非以逞博也,欲参互考订而归于一是耳。若徒逞其博而不知所择,则虽尽读五车,遍阅四库,反不如孤陋寡闻者之尚无大失也。考信录提要

(二)经传之文,亦往往有过其实者:《武成》之血流漂杵,《云汉》之周余黎民,靡有孑遗,

孟子固尝言之。至《閟宫》之荆舒是惩,莫我敢承,不情之誉,更无论矣。战国之时,此风尤盛。若淳于髡、庄周、张仪、苏秦之属,虚词饰说,尺水寸波,盖有不可以胜言者。即孟子书中,亦往往有之:若舜之完廪浚井,不告而娶;伊尹之五就汤,五就桀。其言未必无因,然其初事断不如此。特传之者递加称述,欲极力形容,遂不觉其事当耳。又如文王不遑暇食,不敢盘于游田,而以为其囿方七十里;管叔监殷,武王使之,而属之周公。此或孟子不暇致辨,或记者失其词,均不可知,不得尽以为实事也。考信录提要

江藩

字子屏,甘泉人。有《汉学师承记》《经解入门》等。

治经贵通大义　每一经中,皆有大义数十百条,宜研究详明,会通贯串,方为有益。若仅随文训辞,一无心得,仍不得为通也。又考据自是要义,但关系义理者必应博考详辨,弗明弗措。若细碎事件,猝不能定,姑定旧说,不必徒耗目力。

宜讲小学　许氏《说文》,为小学之大纲。二徐而下,惟国朝诸老能知其义;段氏注虽繁,而精博自不可及,学者须奉为宗主,后及桂、王各注。

宜读古书古注　以其去圣未远,可以证经。

且秦以上书一字千金,即唐以前亦切实少空话。初学读时,惟先辨其书之真伪,次求其校勘善本。而余《经与子相表里》篇(《经解入门》卷四)所列各种皆宜读。

宜读国朝人经学书　盖经语惟汉人能解,汉儒语惟国朝通儒能遍解。所以然者,国朝诸大儒读书多,记书真,校书细,好看古书,不敢轻古本,不肯轻驳古说,善思善悟,善参校,善比例,善分别真伪,故经学为千古之冠。书多矣,以《皇清经解》为大宗。而余《近儒说经得失》篇(《经解入门》卷三)所列各书皆善可读。

宜购丛书　丛书所收古今各部,无虑数百种,中间必多极要者。分购单行本积数处不得全购,丛书则一举可以不遗。且积算其价,又倍廉于单行之本。则购一书而其中之难著,正可作不费钱论。涉猎一过,亦是好处。惟要知刻本善否!明刻丛书,类多荒率;国朝人刻本,率皆精好,二孙、二卢、孔、毕诸家之本尤胜。其书体例不一,中有精校本,精注足本,过市遇丛书,可检其目,多古籍者万不可忽!

读书宜博　先博后约,《语》《孟》通义。学者先须多见多闻,再言心得。若株守一部兔园册子数帙,而云通经,必无其事。然则博之道如何？曰在有要而已。太史公曰：儒家者流，时而有要；古书不可不解，（真者不多，真古书无无用者。）有用之书不可不见（不限古今），专门之书不可不详考贯通，如是则有涯涘可穷矣。

贵博贵精尤贵通　博而不精，则近于泛滥，精而不通，则近于拘执。然精通难言，必由博而入，心力交致，方能臻斯境界。

戒畏难　如前所言层累曲折，其功似乎难竟。然物有本末，事有先后，依次而入，久之自不能已。且今人读书，有较易于古人百倍者：古人书籍少，一字一义皆当自己寻觅，今人生明备之会，诸先正皆有极精之书，前人是者明证之，误者辨析之，难考者考出之，不可见之书采集之。一分真伪而古书去其半，一分瑕瑜而列朝书去其十之八九。且诸公最好著为后人省精力之书：一搜补，（或从群书中搜出，或补完或缀缉。）一校订，一考证，一补录，此皆积毕生之精力，踵曩代之成书而后成者。故同一书，古人十年方通者，今人三年可矣。前人甚苦，后人甚乐；诸公作室，我辈居之；诸公制器，我辈用之；今日若肯用功，真可不费无益之精神，而收身心之实效者。慎无惊怖其言，以为河汉而无极也。

以上经解入门卷七平日读经课程

钱大昭

读书以通经为本,通经以识字为先。经学必取资于小学,故郑司农深通六经,而先明训诂。小学必资于经学,故许祭酒专精六书,而并研经义。汉学商兑卷中之下

字晦之,嘉定人。有《后汉书补注》。

钱塘

《与王无言书》:士君子读书,宜务知大者远者。于经宜考圣王之制作,而不必溺于训诂之说;于史宜观豪杰之谟略,而不当纤悉于事迹同异之间。湖海文传

字学渊,嘉定人。有《律吕考文》等。

阮元

世人每矜一目十行之才,余哂之。夫必十目一行,始是真能读书也。退庵随笔

字伯元,仪征人。有《揅经室集》。

顾广圻

(一)以思适名斋者何也?顾子有取于邢子才之语也。……顾子贫,斋非所能辟也,即其身之所寓而思寓焉,而思适之名亦寓焉。当其坐斋中,陈书积几,居停氏之所藏,同志之所借,及敝箧之所有,参互钩稽,以致其思。思其孰为不校之误,孰为误于校也。思而不得,困于心,衡于虑,皇皇然如索其所失,而杳乎无睹,人恒笑其不自适。而非不适也,乃所以求其适也。

字千里,吴人。有《思适斋集》。

思而得,豁然如启幽室而见日月之举。世之适诚莫有适于此也。思适斋记

（二）先生(广圻)尝从容论古书舛讹处,细若毛发,棼若乱丝,一经剖析,豁然心开而目明。李兆洛涧宾顾君墓志铭

彭兆荪

字湘涵,太仓人。有《小谟觞馆集》《忏摩录》等。

（一）学道须先穷理,穷理全在读书。汉唐宋儒者,说经各有利病。大约名物实际,必藉先儒;义理精深,要归宋学。我惟择善而从,无所偏主,以求我裨益身心而已。断断于汉学宋学之辨者,皆所不必！忏摩录

（二）读书爱博览,最坏事。《近思录》所谓"看一般未了,又要一般,都不济事"。此我生平受病最深处。忏摩录

方东树

字植之,桐城人。有《汉学商兑》《仪卫堂文集》。

义理有时实在语言文字之外,故孟子曰"以意逆志",不以文害辞意故也。汉学商兑

刘开

字明东,号孟途,桐城人。有《广列女传》《孟途诗文集》等。

君子之学必好问,问与学相辅而行者也。非学无以致疑,非问无以广识,好学而不勤问,非真能好学者也。理明矣,而或不达于事;识大矣,而或不知其细。舍问,其奚决焉？贤于己者,问焉以破其疑,所谓就有道而正也。不如己

者，问焉以求一得，所谓以能问于不能，以多问于寡也。等于己者，问焉以资切磋，所谓交相问难，审问而明辨之也。_{问说}

梅曾亮

周秦汉及唐宋人文，其佳者皆成诵乃可。夫观书者，用目之一官而已；诵之则入于耳，益一官矣。且出于口，成于声，而畅于气。夫气者，吾身之至精者也。以吾身之至精，御古人之至精，是故浑合而无间也。_{与孙芝房书}

字伯言，上元人。有《柏枧山房文集》。

梁章钜

（一）读书不务多，但严立课程，勿使作辍，则日累月积，所蓄自富。欧阳公言："《孝经》《论语》《孟子》《易》《尚书》《诗》《礼》《周礼》《春秋左传》，准以中人之资，日读三百字，不过四年半可毕。稍钝者减中人之半，亦九年可毕。"东方朔上书，自称十二学书，十五学击剑，十六学《诗》《书》，诵二十二万言；十九学《孙吴兵法》，亦诵二十二万言。凡臣朔固已诵四十四万言，此时朔年二十二。自十六学《诗》《书》，至十八而毕，又自十九学兵法，至二十一而毕，皆作三年课程。三年诵二十二万言，每年正得七万三千三百余言，以一年三百六十日计之，则一日才得二百零三言耳，盖中人稍下之课也。夏侯氏作《东

字茝中，长乐人。有《夏小正通释》《退庵随笔》等。

方先生像赞》云:经目而诵于口,过耳而谙于心,其敏给如此。今其所自夸大,不过中人稍下之课,可见古人读书不苟,读一书必思得此一书之用,至于终身守之不失,如此虽欲不多不得也。(阎复申曰:《仪礼》《公羊传》《穀梁传》,日读三百字,一年三四月可毕,即减半,亦不过二年半。)退庵随笔

(二)读书必以细心为主,苏子容闻人语故事,必检出处。苏文忠每有撰著,虽目前事,率令少章叔党诸人,检视而后出。明代人读书多不细,便大害事。王阳明为王守溪作传,最表章他的《性说》,《性说》中引孔子语云"心之神明谓之性",以为吾止以孔子为断,不知原文乃谓之圣,非谓之性也。记不确,又不去查,落笔便成笑话。明道因濂溪教他寻孔、颜乐处,晚年欲作乐书,朱子曾笑云:不知乐,如何作书?谓乐在心,作不得书耳。《性理》中载此语,恐人读作礼乐之乐,乃于乐字下旁注洛字,书生不看小注,于问乐策往往答云:明道常欲作书,是读为礼乐之乐矣。常州钱启辛又错以旁注洛字为正文,因费许多心力,著一部洛书,皆画作龟文,系之以词,以竟明道未竟之志,岂非说梦?此殊有关系,非止文义少差而已。退庵随笔

(三)魏叔子(禧)曰:世上无有不宜读书之人,贤者固益其贤,下愚读之,纵不能益,决不至损。或谓人有读破万卷,不能办一事者,此谓书无用处也。余谓此人脱令不读书,遂能办事否?然有两种人,却不可读书:一种机巧之人,原有小慧,又参以古人智术,则机械变诈,百出不穷,不至害人杀身不止;一种刚愎之人,既自以为是,加之学问充足,则骄满之心漫天塞地,必至一言不受,一非不改,即不杀身亦成绝物,终身无长进日子矣。按叔子此论固是,然为不善读书者言之耳;善读书者,变化气质之谓何?而患此哉! 退庵随笔

(四)子书真伪相杂,醇疵互见。然凡能自名一家者,必有一节之足以自立。即有出入于圣人者,存之亦可为鉴诫。大抵周秦诸家近古之书,毋论真伪醇疵,均当博收而慎取之。 退庵随笔

邵秉华

余姚人。

荀卿子曰:"诵数以贯之,思索以通之。"班孟坚曰:"古文读应《尔雅》。"曾谓不通经训,不究六书而可以言文乎哉?六朝以降,言古文者,首推昌黎韩氏,然苦《仪礼》难读,以《尔雅》为注虫鱼之书,束《春秋》三传于高阁,已开宋人游谈

无根之渐。故其言曰："凡为文辞，宜略识字。"略识云者，即陶渊明不求甚解之谓也。夫读古人之书，而一知半解，不深探古今流别之分，而藻绘其文以炫世而欺人，是谓无本之学，不逾时而阒寂绝灭者多矣。平津馆文稿后序

包世臣

字慎伯，泾人。有《安吴四种》。

（一）包世臣撰江都凌曙传：君（凌曙）问余（包世臣）所当治业？予曰：治经必守一家法，专治一家以立其基，则诸家可渐通。然心之为用，苦则机窒，乐则慧生，机窒者常不卒业。凡读书不熟，则心以为苦，君自取熟者治之可也。读书法汇

（二）《张童子传》：读书泛览无益，吾日读二千字，三遍即可信，五遍即大熟。然至其惬意者，暇隙讽诵，常至千遍，必使自明其义，注解多不可靠也。古文辞通义

胡达源

字清甫，益阳人。有《妙香室文集》。

（一）书不成诵，无以致思索之功；书不精思，无以得义理之益。人镜

（二）工夫只怕一个待字：今日待明日，今月待来月，今年待来年。工夫只要一个熟字：不时展览则眼熟，不时诵读则口熟，不时思索则心熟。人镜

龚自珍

夫读书者，实事求是，千古同之。此虽汉人语，非汉人所能专。与江子屏笺

字定庵，仁和人。有《定盦集》。

黄本骥

《项羽本纪》是史公极得意文字，班掾采入《汉书》，节去二千六百八十三字。《史记》多字处有多字之妙，《汉书》少字处有少字之妙：多者逸，少者遒。凡读古书，皆须两本对看。如《史记》采《国语》《左传》《国策》，《汉书》采《史记》，其增减易置，要非漫然下笔。即此可以增长见识。读文笔得

字虎痴，湖南宁乡人。有《圣域述闻》《痴学》等。

梁绍壬

渊明读书不求甚解，是涵养性情事。孔明读书略观大义，是讲求经济事。冥心躁气者，不得藉口！秋雨庵随笔

字晋竹，钱塘人。有《秋雨庵随笔》。

陈澧

（一）学者何？读书也。朱子云："昔子路曰，有民人焉，有社稷焉，何必读书，然后为学；而夫子恶之。然则仕本于学，而学必读书，固孔门之遗法也。"（《尽心室记》）澧谓子夏言贤贤易色四事，而云虽曰未学，吾必谓之学矣。此二学字亦必以读书解之乃通。犹云如此之人，虽曰

字兰甫，番禺人。有《东塾读书记》等。

未读书，吾必谓之读书矣。朱子又云："书只贵读，读便是学。夫子说：'学而不思则罔，思而不学则殆。'学便是读，读了又思，思了又读。"（《语类》卷十）所解学字为读字，尤明白矣。东塾读书记论语

（二）朱注云："学之为言效也，后觉者必效先觉之所为。"澧案：学训效，见《尚书大传》及《广雅·释诂》。盖惟上古圣人生而知之，至于后世，则众人必效圣人，后圣必效先圣，后王必效先王。服尧之服，诵尧之言，行尧之行，此众人之效圣人也；祖述尧舜，宪章文武，此后圣之效先圣也；殷因于夏礼，周因于殷礼，此后王之效先王也。后觉效先觉，圣人后起，不易斯言矣。东塾读书记论语

（三）时习者何也？求之古传记之书，则《学记》云："大学之教也，时教必有正业。"（孔疏云：言教学之道，当以时习之；然则孔冲远解《论语》时习为每日有正业也。）《鲁语》云："士朝受业，昼而讲贯，夕而习复，夜而计过，无憾而后即安。"此盖所谓时习也。求之后世之书，则司马温公云："范文正公掌府学，课诸生读书，寝食皆有时刻。"（《涑水纪闻》卷十）王伯厚云："凡作工夫，须立定课程，日日有常，不可间断。纵使出

入及宾客之类,亦须量作少许,风雨不移。"(《辞学指南》)此盖所谓时习也。盖读书必立定课程,朝读此书,则朝朝读此书而不移于夕;夕习此业,则夕夕习此业而不移于朝。有一定之时刻,有一定之功课。今塾师教童子犹如此,盖圣人之学,千古未变者也。东塾读书记论语

(四)《学记》:"一年视离经辨志,三年视敬业乐群,五年视博习,七年视论学,九年视知类通达,强立不反。"凡治经者,其始专读一经注疏。点其句而读之,所谓离经也。学此一经之说,所谓敬业也。又博观诸家之说,所谓博习也。又通论其同异得失,所谓论学也。然后知类通达,强立不反,此治经之效也。新民第一卷第七期古公愚学海堂述略

(五)朱子《论语集注》卷首载程子曰:"今人不会读书,如读《论语》,未读时是此等人,读了后又只是此等人,便是不会读。"朱子载此语,警学者之意深矣。或问于余曰:读《论语》当如何读之,而后读了不是此等人乎?答曰:读"子曰"二字,则如亲受学于孔子而闻此言;读"有子曰"三字,则如亲受学于有子而闻此言,则立志自高矣。以己之身,与天下之事,皆于《论语》验之。如读第一章,则思己之学何如习?第二章

则思天下之所以有犯上作乱者何故？则识见自高矣。同上

（六）仆读书三十年，今乃知读书之法：甲部则注疏朱子《四书》及《说文广韵》；乙部则正史《通鉴》；丙部则周末诸子、宋五子、陆象山、本朝顾亭林、陆清献；丁部则《文选》杜诗、韩文。此外虽流览，不敢杂也。同上

邵懿辰

字位西，仁和人。有《礼经通论》等。

（一）今人喜看杂书，而不喜观说理之书。一则因不耐烦，一则恶其厉己。二者皆心病，而恶其厉己之病根尤大。忱行录

（二）读书宜将心揉入书中，将书按到身上。忱行录

吴嘉宾

字之序，江西南丰人。有《求自得之室文钞》。

善读书者，勤慎所存。吾读书而疑焉，毋曰疑而已，必有说：吾著吾之所以疑，他日有以思也；观说者亦得吾之所以疑，有以为吾释也。吾读书而信焉，毋曰信而已，必有说：吾著吾之所以信，他日有以据也；观说者亦得吾之所以信，有以为吾征也。吾读书而是非焉，毋曰是非而已，必有说：吾著吾之所以是非，他日有以辨也；观说者亦得吾之所以是非，有以为吾折衷也。如是乃可以明吾心，修吾辞。

城南书舍图序

曾国藩

字伯涵,号涤生,湘乡人。有《曾文正公全集》。

(一)自六籍燔于秦火,汉世掇拾残遗,征诸儒能通其读者,支分节解,于是有章句之学。刘向父子勘书秘阁,刊正脱误,稽合同异,于是有校雠之学。梁世刘勰、钟嵘之徒,品藻诗文,褒贬前哲,其后或以丹黄识别高下,于是有评点之学。三者皆文人所有事也。经史百家简编序

(二)词气之缓急,韵味之厚薄,属文者一不慎,则规模立变;读书者一不慎,则卤莽无知。致刘孟容书

(三)至于有恒二字,尤不易言。大抵看书与读书须画然分为两事。前寄寅阶先生已详言之矣。看书宜多宜速,不速则不能看毕,是无恒也。读书宜精宜熟,能熟而不能完,是亦无恒也。覆葛华山书

(四)读书笔记,贵于得闲。戴东原谓阎百诗善看书,以其能蹈瑕抵隙,能环攻古人之短也。近世如高邮王氏,凡读一书,于正文注文一一求其至是;其疑者非者,不敢苟同以乱古人之真,而欺方寸之知。若专校异同:某字某本作某,则谓之考异,谓之校对,不得与精核大义,参稽疑误者同日而语。复张廉卿书

（五）承询及欲购书目，鄙人尝已谓四部之书，浩如渊海，而其中自为之书，有原之水，不过数十部耳。经则《十三经》而已，史则《廿四史》暨《通鉴》而已，子则五子暨《管》《晏》《韩非》《淮南》《吕览》等十余种而已，集则《汉魏六朝百三家集》之外，唐宋以来廿余家而已。此外入子、集部之书，皆赝作也，皆剿袭也；入经、史之书，皆类书也。不特《太平御览》《艺文类聚》为类书，即《三通》亦类书也。《小学》《近思录》《衍义》《衍义补》亦类书也。故尝谬论修《艺文志》《四库书目》者，当以古人自为之书，有原之川渎，另行编列，别黑白而定一尊。其分门别类纂杂古人成书者，别为一编，则荡除廓清，而书之可存者日少矣。与何廉昉书

（六）诸弟在家读书，不审每日如何用功？余自十月初一，立志自新以来，虽懒惰如故，而每日楷书写日记，每日读史十叶，每日记《茶余偶谭》一则，此三事未尝一日间断。……诸弟每日自立课程，必须有日日不断之功，虽行船走路，须带在身边。……何子贞之世兄，每日自朝至夕，总是温书。三百六十日，除作诗文时，无一刻不温书。真可谓有恒者矣。故予从前限功课教弟，近来写信寄弟，从不另开课程，但教诸

弟有恒而已。盖士人读书,第一要有志,第二要有识,第三要有恒。有志则断不肯为下流,有识则知学问无尽,不敢以一得自足,如河伯之观海,如井蛙之窥天,皆无识者也,有恒则断无不成之事。此三者缺一不可。诸弟此时,惟有识不可以骤几,至于有志有恒,则弟勉之而已。家书

(七)尔三月之信,所定功课太多,多则必不能专,万万不可! 后信言已向陈季牧借《史记》。此不可不熟看之书。尔既看《史记》,则断不可看他书。功课无一定呆法,但须专耳。余从前教诸弟,常限以功课,近来觉限人以课程,往往强人以所难。苟其不愿,虽日日遵照限程,亦复无益! 故近来教弟,但有一专字耳。家书

(八)读书之道,有必不可易者数端:穷经必专一经,不可泛骛,读经以研究寻义理为本,考据名物为末。读经有一耐字诀:一句不通,不看下句;今日不通,明日再读;今年不精,明年再读,此所谓耐也。读史之法:莫妙于设身处地,每看一处,如我便与当时之人酬酢笑语于其间,不必人人皆能记也;但记一人,则恍如接其人,不必事事皆能记也;但记一事,则恍如观其事。经以穷理,史以考事,舍此二者,更别无学矣。盖自西汉以至于今,识字之儒,约有三途:曰义

理之学,曰考据之学,曰词章之学,各执一途,互相诋毁。兄之私意以为义理之学最大:义理明则躬行有要,而经济有本;词章之学,亦所以发挥义理者也;考据之学,吾无取焉矣。此三途者,皆从事经史,各有门径。吾以为学读经史,但当研究义理,则心一而不纷。是故经则专守一经,史则专熟一代,读经史则专主义理,此皆守约之道,确乎不可易者也。若夫经史而外,诸子百家,汗牛充栋,或欲阅之,但当读一人之专集,不当东翻西阅。如读《昌黎集》,则目之所见,耳之所闻,无非昌黎,以为天地间除昌黎而外,更无别书也。此一集未读完,断断不换他集,亦专字诀也。家书

(九)学问之道无穷,而总以有恒为主。兄往年极无恒,近年略好,而犹未纯熟。自七月初一起至今,则无一日间断,每日临帖百字,钞书百字,看书少亦须满二十页,多则不论。自七月起至今,已看过《王荆公文集》百卷,《归震川文集》四十卷,《诗经大全》二十卷,《后汉书》百卷,皆朱笔加圈批。虽极忙,亦须了本日功课,不以昨日耽搁,而今日补做;不以明日有事,而今日预做。诸弟若能有恒如此,则虽四弟中等之资,亦当有所成就,况六弟九弟上等之资乎。家书

（十）看书不必求多，亦不必求记；但每日有常，自有进境。万不可厌常喜新，此书未完，忽换彼书耳。家书

（十一）无论何书，总须从首至尾，通看一遍，不然，乱翻几叶，摘钞几篇，而此书之大局精处，茫然不知也。学诗从《中州集》入亦好，然吾意读总集，不如读专集。此事人人意见各殊，嗜好不同。吾之嗜好，于五古则喜读《文选》，于七古则喜读《昌黎集》，于五律则读杜集，七律亦最喜杜诗，而苦不能步趋，故兼读《元遗山集》。吾作诗最短于七律，他体皆有心得，惜京都无人可与畅语者。尔要学诗，先须看一家集，不要东翻西阅；先须学一体，不可各体同学。盖明一体，则皆明也。家书

（十二）凡读书有难解者，不必遽求甚解；有一字不能记者，不必苦求强记。只须从容涵咏，今日看几遍，明日看几遍，久久自然有益。但于已阅过者，自作暗号，略批几字，否则历久忘其为已阅未阅矣。家书

（十三）曾以为学四字示儿辈：一曰看生书宜求速，不多阅则太陋。一曰温旧书宜求熟，不背诵则易忘。一曰习字宜有恒，不善写则如身之无衣，山之无木。一曰作文宜苦思，不善作则

如人之哑不能言，马之跛不能行。四者缺一不可。家书

（十四）纪泽看《汉书》，须以勤敏行之，每日至少亦须看二十页，不必惑于在精不必多之说。今日半页，明日数页，又明日耽搁间断，或数年而不能毕一部。如煮饭然，歇火则冷，小火则不熟，须用大柴大火乃易成也。家书

（十五）纪泽儿读书记心不好，悟性较佳。若令其句句读熟，或责其不可再生，则愈读愈蠢，将来仍不能读完经书。请子植弟将泽儿未读之经，每日点五六百字，教一遍。令其读十遍，不必能背诵，不必常温习。待其草草点完之后，将来看经解亦可求熟。若蛮读蛮记蛮温，断不能久熟，徒耗日工而已。家书

（十六）读书之法，看读写作四者，每日不可缺一。看者，如尔去年看《史记》《汉书》、韩文《近思录》，今年看《周易折中》之类是也。读者，如《四书》《诗》《书》《易经》《左传》诸经，昭明《文选》，李杜韩苏之诗，韩欧曾王之文，非高声朗诵，则不能得其雄伟之概；非密咏恬吟，则不能探其深远之韵。譬之富家居积，看书则在外贸易，获利三倍者也；读书则在家慎守，不轻花费者也。譬之兵家战争，看书则攻城争地，开拓

土宇者也；读书则深沟坚垒，得地能守者也。看书与子夏之日知所亡相近，读书与无忘所能相近，二者不可偏废。家训

（十七）去年在营，余教以看、读、写、作四者，缺一不可。尔今阅《通鉴》，算看字工夫；钞《说文》，算读字工夫。尚能临帖否？或临《书谱》，或用油纸摹欧柳楷书，以药尔柔弱之体。此写字工夫，必不可少者也。尔去年曾将《文选》中零字碎锦，分类纂钞，以为属文之材料，今尚照常摘钞否？已卒业否？或分类抄《文选》之词藻，或分类抄《说文》之训诂，尔生平作文太少，即以此代作字工夫，亦不可少者也。尔十余岁至二十岁，虚度光阴；及今将看、读、写、作四字，逐日无间，尚可有成。家训

（十八）汝读《论语》无甚心得，由不能虚心涵泳，切己体察。朱子教人读书之法，此二语为精当。尔现读《离娄》，即如《离娄》首章上无道揆，下无法守，我往年读之，亦无甚警惕。近几在外办事，乃知上之人必揆诸道，下之人必守乎法。若人人以道揆自许，从心而不从法，则下凌上矣。《爱人不亲》章，往年读之，不甚亲切。近岁阅历日久，乃知治人不治者，智不足也。此切己体察之一端也。涵泳二字，最不易识，余尝以

意测之,曰涵者,如春雨之润花,如清渠之溉稻。雨之润花,过小则难透,过大则离披,适中则涵濡而滋液。清渠之溉稻,过小则枯槁,过多则伤涝,适中则涵养而浡兴。泳者,如鱼之游水,如人之濯足,程子谓:"鱼跃于渊,活泼泼地。"庄子言:"濠梁观鱼,安知非乐?"此鱼水之快也。左太冲有"濯足万里流"之句,苏子瞻有《夜卧濯足》诗,有《浴罢》诗,亦人性乐水者之一快也。善读书者,须视书如水,而视此心如花如稻如鱼,如濯足,则涵泳二字,庶可得之于意言之表。尔读书易于解说文义,却不甚能深入,可就朱子"涵泳""体察"二语,悉心求之。家训

(十九)尔欲作五古七古,须熟读五古七古各数十篇。先之以高声朗诵,以昌其气;继之以密咏恬吟,以玩其味。二者并进,使古人之声调,拂拂然若与我之喉舌相习,则下笔为诗时,必有句调凑赴腕下。诗成自读之,亦自觉琅琅可诵,引出一种兴会来。古人云:"新诗改罢自长吟。"又云:"煅诗未就且长吟。"可见古人惨淡经营之时,亦纯在声调上下工夫。盖有字句之时,人籁也;无字句之时,天籁也。解此者,能使天籁人籁凑拍而成,则于诗之道思过半矣。家训

(二十)欲求词藻富丽,不可不分类钞撮体

面话头。近世文人如袁简斋、赵瓯北、吴穀人,皆有手钞词藻小本,此众人所共知者。阮文达公为学政时,搜出生童夹带,必自加细阅,如系亲手所钞,略有条理者,即予进学。如系请人所钞,概录陈文者,照例罪斥。阮公一代闳儒,则知文人不可无手钞夹带小本矣。昌黎之记事提要,纂言钩元,亦系分类手钞小册也。……尔曾看过《说文》《经义述闻》,二书中可抄者多。此外如江慎修之《类腋》,及《子史精华》《渊鉴类函》,则可抄者尤多矣。家训

(二十一)尔治经之时,无论看注疏,看朱传,总宜虚心求之。其惬意者,则以朱笔识出;其怀疑者,则以另册写一条;或多为辩论,或仅著数字。将来疑者渐晰,又记于此条之下,久久渐成卷帙,则自然日进。高邮王怀祖先生父子经学为本朝之冠,皆自劄记得来。家训

(二十二)《说文》看毕之后,可将《文选》细读一过。一面细读,一面抄记,一面作文,以仿效之。凡奇僻之字,雅故之训,不手抄则不能记,不摹仿则不惯用。家训

(二十三)不能主一之咎,由于习之不熟,由于志之不立,而实由于知之不真。若真见得不主一之害心废学,便如食乌喙之杀人,则必主一矣!

不能主一,无择无守,则虽念念在四书五经上,亦只算游心杂念。心无统摄故也! 日记

(二十四)读书之道,杜元凯称若江海之浸,膏泽之润。若见闻太寡,蕴蓄太浅,譬犹一勺之水,断无转相灌注,润泽丰美之象,故君子不可以小道自域也。日记

(二十五)读书以训诂为本。日记

(二十六)夜深,思将古来政事人物分类,随手抄记,实为有益。日记

胡林翼

字贶生,一字润之,达源子。有《胡文忠公遗集》《读史兵略》等。

(一)读书当旁搜远览,博通天人,庶几知上下古今之变,而卓然成家。若仅仅以辞句相夸耀,非所以励实学也。家书

(二)学业才识,不日进,则日退,须随时随事,留心著力为要。事无大小,均有一定当然之理,即事穷理,何处非学?昔人云:"此心多水,不流即腐。"张乖崖亦云:"人当随时用智。"此为无所用心一辈人说法,果能日日留心,则一日有一日之长进;事事留心,则一事有一事之长进。由此而日积月累,何患学业才识之不能及人也!家书

(三)读史第一须有判断,第二须有抉择。判断所以定古人之优劣,古事之正否,详察昔日

之情形,扫去陈腐之议论,而后判断斯不误。抉择所以定史书之价值,盖史书甚多,而皆各就本人之见解以发挥。或失之偏,自所难免;非加抉择,易为人欺。家书

左宗棠

字季高,湖南湘阴人。有《家书》等。

(一)读书时,须细看古人处一事,接一物,是如何思量?如何气象?及自己处世接物时,又细心将古人比拟。设若古人当此,其措置之法,当是如何?我自己任性为之,又当如何?然后自己过错始见,古人道理始出。断不可以古人之书,与自己处世接物为两事。书札

(二)读书要目到口到心到。尔读书不看清字画偏旁,不辨明句读,不记清首尾,是目不到也;喉舌唇牙齿五音,并不清晰伶俐,朦胧含糊,听不明白,或多几字,或少几字,只图混过,就是口不到也;经传精义奥旨,初学固不能通,至于大略粗解,原易明白。稍肯细心体会,一字求一字下落,一句求一句道理,一事求一事原委。虚字审其神气,实字测其义理,自然渐有所悟。一时思索不得,即请先生解说;一时尚未融释,即将上下文或别章别部义理相近者反复推寻,务期了然于心,了然于口,始可放手。总要将此心运在字里行间,时复思绎,乃为心到。家

（三）读书要循序渐进，熟读深思，务在从容涵泳，以博其义理之趣，不可只做苟且草率功夫。所以养心者在此，所以养身者在此。家书

谢鼎卿

字视侯，耒阳人。有《读书说约》。

（一）观书宜置心文字未作之初，索解宜置心传注未明之初，学文宜置心辞意未达之初，论世宜置心事功未立之初。与其依傍有迹，徒落想于后，不若体会无形，豫致思于先。方知前人之难，方得前人之益。读书说约卷一

（二）道有本末，故书有精有蕴；道有体有用，故书有指有趣。精少而蕴多，指直而趣曲，读书未可混视。读书说约卷一

（三）读书之法：观孔子之删赞，繁者简之，略者详之，则思过半矣。读书说约卷一

（四）颜子称夫子循循善诱，不外博文约礼，此兼知行言也，而知行各自有博约。故孟子曰："守约而施博者，善道也。"又曰："博学而详说之，将以反说约也。"后儒学术，简约者病不能博，博赡者病不知约。夫化育之妙，辟阖生焉，一博一约，相需为用。我辈读书，不可徒博，不能径约；若奉博约之训，以为宗主，由约及博，由博反约，门径岂有差乎。读书说约卷一

刘鸿业

（一）问即是学，好问即是好学，善问即是善学。冰言

（二）学者必见于用乃可贵；不然，一腐儒耳。冰言

字伯固，湘乡人。辑有《药言》《冰言》等。

彭玉麟

（一）承询读书秘诀，无他，兄但知攻苦能耐耳。堂上有训，嘱勿兼营并骛，兄常奉为圭臬。一句未通，明辨之。以研寻义理为本，考据名物为末。偶有不洽于心，能穷年累月而为之；务使一经通后，再读他经。初生厌倦，近觉醇然。弟能仿我所为，当有所妙悟耳。家书

（二）读书当如刺绣，细针密缕处，方见工巧。若一编在手，随意乱翻几叶，钞摘几章，则此书之大局精处，茫然不知也。走马看花，骚雅不取，即此意也。家书

字雪琴，衡阳人。

李鸿章

读文之法，可择爱熟诵之。每季必以能背诵者若干篇为目的，则字句之如何联合，篇段之如何布置，行思坐思，便可取象于收视反听之间。精神之研习既深，行文自极熟而流利，故高声朗诵与俯察沉吟种种功夫，万不可少也！家书

字少荃，安徽合肥人。

字绂麟,湖南人。

黄黼

(一)上等读法:将读此首文,先宜知人论世,考明题目来历,了然于心。如我当境作文一般,要如何用意下笔遣词,再四沉思,思之得不得;得之,其浅深高下,俱有成见,再去读其文,看其作法,合我与否?合我者高几著?出我者远几层?得失自知矣。所谓文章千古事,得失寸心知者此也。于是读之而喜,拍案叫绝,起舞旋走;读之而悲,浡浡泪落,脉脉欲诉。斯时不知古人为我,我为古人,但觉神入文,文入心,永不失矣。日后动笔辄合,在己亦不知何来。然在初学或不易企。论读古文法

(二)次等读法,亦须知人论世。先考明题目来历,然后逐字逐句而细读之,看其措语遣词,如何锤炼?又逐节逐段而细思之,看其承接起落,如何转变?又将通篇抑扬唱叹,缓缓读之,审其节奏,又将通篇一气紧读,审其脉络局势,再看其通篇结构照应章法,一一完密与否?则于此首古文,自有心得矣。能读古文,异日自能作古文者此也。初学最要!若古人字句阴僻不亮,用意深晦不明者,可解则解,否则不求甚解。盖读书贵得大意,此古人所谓善读书也。如必字字句句不遗,将皆可适用乎哉!然特为

执著者开一门,如易解而不求深解,则又不可!

论读古文法

俞樾

昔人有谓卢绍弓学士者,曰:"他人读书,则受书之益,子读书,则书受子之益。"卢为怃然。今年夏,瑞安孙诒让仲容,以新著《札迻》十二卷见示,雠校古书,共七十有七种。其精熟训诂,通达假借;援据古籍以补正讹夺,根柢经义以诠释古言。每下一说,辄使前后文皆怡然理顺。阮文达序王伯申先生《经义述闻》云:"使古圣贤见之,必解颐曰,吾言固如是,数十年误解,今得明矣。"仲容所为《札迻》,大率同此,然则书之受益于仲容者,亦自不浅矣。余尝谓校雠之法,出于孔氏,子贡读晋史知三豕为己亥之误,即其一事也。昭十二年《公羊传》:伯于阳者何?公子阳生也。子曰:我乃知之矣。何劭公谓知公误为伯,子误为于,阳在,生刊灭阙。是则读书必逐字校对,亦孔氏之家法也。汉儒本以说经,盖自杜子春始。杜子春治《周礼》,每曰字当为某,即校字之权舆也。自是以后,是正文字,遂为治经之要。至后人又以治经者治群书,而笔针墨灸之功,遍及四部矣。夫欲使我受书之益,必先使书受我之益;不然"割申劝"为"周田观",而

字荫甫,号曲园,德清人。有《春在堂全集》。

"肆赦"为"内长,"文且不能得其句读,又乌能得其旨趣乎？札迻序

张之洞

（一）读书宜有门径　泛滥无归,终身无得；得门而入,事半功倍。或经,或史,或词章,或经济,或天算地舆,经治何经？史治何史？经济是何条？因类以求,各有专注。至于经注孰为师授之古学？孰为无本之俗学？史传孰为有法？孰为失体？孰为详密？孰为疏舛？词章孰为正宗？孰为旁门？尤宜抉择分析,方不致误用聪明。此事宜有师承,然师岂易得,书即师也。今为诸生指一良师,将《四库全书总目提要》一过,即略知学问门径矣。輶轩语

（二）读书宜博　先博后约,《语》《孟》通义。无论何种学问,先须多见多闻,再言心得。天下书老死读不可遍,博之为道将如何？曰在有要而已。古书不可不解（真者不多,真古书无无用者）,有用之书不可不见（不限古今）,专门之书不可不详考贯通（立志为何等学问,此类书即是专门）,如是则有涯涘可穷矣。若治经者,杂览苦思,而所据多伪书俗本。读史者,记其词语,而不晓史法,多搜异闻,而本事始末未尝通考。为词章者,颇有僻典难字,而流别不明；华藻

字香涛,南皮人。有《书目答问》《輶轩语》《广雅堂集》等。

富艳,而字义不合雅训;引用但凭类书,而不求本源。讲经济者,不通当代掌故,虽口如悬河,下笔万言,犹之陋也。能祛数弊,斯为博矣。(虽目有未见之书,文无希见之语,不害为博。)輶轩语

(三)读书勿诿记性不好　每见今人不好读书者,辄以此藉口;此欺人也。日记一叶,月记一卷,十年之内,可记百余卷矣。朱竹垞有言:世岂有一览不忘,一字不遗者,但须择出切要处记之耳。竹垞为本朝第一博雅人,其说如此,以告学者。輶轩语

(四)读书不必畏难　一经一史,古集一家,词章一体,经济一门,专精探讨;《通鉴》古子,观其大略,知其要领,又其次涉猎而已。如此为之,不过十年,卓然自立。(聪强而得师友者,所得尚不止此。)自兹以往,左右逢源。(兼精群籍原好,但人生精力岁月有限,以一为主,以余为辅,已可终身用之不尽。才力有余者,任自为之。)夫航断港而求至海,驱北辙而求至越,则难矣!若津渡显然,定向有在,循途而行,计日而到,何难之有?輶轩语

(五)读书勿诿无书无暇　能购购之,不能借之,随得随看,久久自富。若必待插架三万,然后议读,终身无此日矣。即使四部骈罗,岂能

一日读尽,何如姑尽所有,再谋其他。更有一蔽:劝人读书,多谓无暇,不思嬉游昼寝,为暇多矣!一叶数行,偶然触目,他日遇事,或即恰收其用。自非幼学,真读书者,断无终日整襟危坐,限定读书时刻之事也。辅轩语

(六)读书宜求善本　善本非纸白板新之谓,谓其为前辈通人用古刻数本精校细勘付刊,不讹不阙之本也。此有一简易之法:初学购书,但看其序是本朝重校刻,而密行细字写刻精工者,即佳。善本之义有三:一足本(无阙卷,无删削),二精本(一精校,一精注),三旧本(一旧刻,一旧钞)。辅轩语

(七)买书勿吝　田谷之利,不及什一;商贾之利,止于三倍;典籍之利,淑身兴宗,化愚为贤,子孙永保,酌之不竭,一卷之书,有益天下,此其为利,不可胜言。节衣缩食,犹当为之。惟买书须得其门,若无通人可访,则常过书肆,流观架上,名近雅驯者,索取翻检。要籍精本,必时遇之。辅轩语

(八)出门求师　伏处乡僻,不见胜己;不惟无师,抑且无书。见闻何由广博?志气何由激发?古人千里负笈,岂得畏难辞劳!若守一先生之言,必致俗陋相承,愈传愈谬。名师固

难,益友不少。果能虚心广益,友即师也。辅轩语

文廷式

经史之学,以考据而明,诗文之才,则不由考据,在养胸中之性情,而多读古人之名作,以求其神志气韵之所在。南轺日记

号芸阁,萍乡人。有《云起轩诗钞》。

张裕钊

夫作者之亡也久矣,而吾欲求至乎其域,则务通乎其微,以其无意为之而莫不至也。故必讽诵之深且久,使吾之声气与古人诉合于无间,然后能深契自然之妙,而究极其能事。若夫专以沉思力索为事者,固时亦可以得其意;然与夫心凝形释,冥合于言议之表者,则或有间矣。故姚氏暨诸家因声求气之说为不可易也,由气而通其意,以及其辞与法,而喻乎其深;及吾所自为文,则一以意为主,而辞气与法胥从之矣。阁下以为然乎?阁下谓苦中气弱,讽诵久则气不足载其辞,裕钊迩岁亦正病此。往在江宁,闻方存之云:长老所传刘海峰绝丰伟,日取古人之作纵声读之。姚惜抱则患气羸,然亦不废哦诵,但抑其声使下耳。是或亦一道乎?答吴挚甫书

字濂卿,武昌人。有《濂亭文钞》。

字爽秋，桐庐人。有《于湖题襟集》。

袁昶

家塾课程曰：大约以看读写作四字为提纲，读熟书（经类及《文选》《古文辞类纂》）以沃其义理之根，看生书（史类）以扩其通变之趣，写字以观其用心之静躁，作文以验其养气之浅深，四者具而学生之基业始立。经籍举要附录

字鼎甫，义乌人，有《佩弦斋诗文集》。

朱一新

（一）诸生各就性之所近者，或专治一门，或专治数门，各自量才力为之。贵循序而渐进，毋贪多而不精！……凡治一书，先求贯通，以次旁及。学规

（二）学海堂读书章程，分句读、钞录、评点、著述四门。今诸生从事未久，著述一门，渐且从缓。钞录一门，有益记诵，好学者当自为之，亦听其便。惟句读评点二门，断不可少，所当专治之书并注疏，均用朱笔点句。学规

民国

严复

（一）大抵学之穷理常分三际：一曰考订，聚列同类事物，而各著其实。二曰贯通，类异观同，道通为一。考订或谓之观察，或谓之演验。观察、演验二者，皆考订之事而异名者。盖即物穷理，有非人力所能变换者，如日星之行、风俗代变之类；有可以人力驾御移易者，如炉火树畜之类是也。考订既详，乃会通之以求其所以然之理，于是大法公例生焉。此《大易》所谓"圣人有以见天下之会通，以求其所以然之理"，即西人之大法公例也。中西古学，其中穷理之家，其事或善或否，大致仅此两层，故所得之大法公例，往往多误，于是近世格致家，乃救之以第三层，谓之试验。试验愈周，理愈确实矣，此其大要也。

吾人为学穷理，志求登峰造极，第一要知读无字之书。培根言："凡其事其物为两间之所有

字几道，福建闽侯人。有《严几道诗文集》。

者,其理即为学者之所宜穷。"所以无大小,无贵贱,无秽净,知穷其理,皆资妙道。此佛所谓"墙壁瓦砾,皆说无上乘法"也。赫胥黎言:"能观物观心者,读天地原本书;徒向书册记载中求者,为读第二手书矣。"读第二手书者,不独因人作计终当后人,且人心见解不同,常常有误,而我信之,从而误矣。此格物家所最忌者。而政治道德家因不自用心而为古人所蒙,经颠倒拂乱而后悟者,不知凡几。诸公若问中西二学之不同,即此而是;乃若问西人后出新理,何以如此之多,亦即此而是也。

至于格物穷理之用,不过二端:一曰内导(即归纳法);一曰外导(即演绎法)。此二者不是学人所独用,乃人人自有生之初所同用,用之而后知识日辟者也。内导者,合异事以观其同,而得其公例。粗言之:今有一小儿,不知火之烫人也,今日见烛,手触之而烂;明日又见炉,足践之而又烂;至于第三次,无论何地,见此炎炎而光,烘烘而热者,即知能伤人而不敢触,且苟欲伤人即举以触之,此用内导之最浅者。其所得公例,便是"火能烫人"一语。其所以举火伤物,即是外导术。于意中皆有一例,一案一断:"火能烫人"是例,"吾所持是火"是案,"故必烫人"

是断。合例案断三者,于名学中成一联珠;及以伤人而人果伤,则试验印证之事矣。故曰印证愈多,理愈见确矣。名学之精析如此,然人日用之而不知。须知格致所用之术,质而言之,不过如此。特其尤精,则有推究精微之用,如化学、力学、天、地、人、动、植诸学多内导,而名教诸学则多外导。学至外导,即可据已然已知以推未然未知者,此民智最深时也。西学通门径功用说

(二)寒家子女,少时皆在家塾先治中文,经传古文,亦无不读。非不知辞奥义深,非小学生所能了解;然如祖父容颜,总须令其见过,至其人之性情学识,自然须俟年长乃能相喻。四子五经亦然。以皆上流人不可不读之书,此时不妨先教讽诵;能解则解,不能置之。俟年长学问深时,再行理会,有何不可?且幼年讽诵,亦是研练记性。研练记性,亦教育中最要是也。(若少时不肯盲读一过,则终身与之枘凿,徐而理之,殆无其事。)与熊纯如书

(三)任公在教育部演说,痛言近时士夫对于教育国民,转不及清季热诚,自为确论。至于学问分为两种:一为纸的学问,一为事的学问。讥吾我所治,皆为纸的学问,此则似是实非。不知少年入校,无论何国,所教皆系纸的;其至善

者,亦不外教人自用脑力。至于事的学问,则出校以后,各从阅历得之。_{与熊纯如书}

冯煦

字梦华,江苏金坛人。有《蒿盦类稿》。

(一)学者当师胡安定经义治事两齐之法:或治一经,或治一事。(事如吏治,钱谷,盐策,河渠,漕运,灾赈,军政,边防,刑名,夷务之属。)治经者先通其义,注疏少繁衍,裁以近世说经家之善者。勿矜小慧,勿尚异说。治事者,兼读涑水《通鉴》及诸史。一经治然后治他经,一事治然后治他事,用力寡则易成,用心专则易精。亦可经事并治,经有与事相贯通,事有与经相证明者,皆融会而断制之,庶几体用合一,且心力有所属,亦不至流览载籍,比于玩物。

(二)诸葛公之读书也,但观大略。陶靖节亦曰:"读书不求甚解。"然必有诸葛之才识、靖节之怀抱,而后可也。否则宁详毋略,宁深毋浅。尝善乎班史之述司马子长也,曰好学深思,心知其意;夫曰深,曰知其意,则真善读书者。且诸葛之观大略,即贤者识其大者;靖节亦非不解之谓,但不若今之琐碎浅陋,支离穿凿耳。

(三)读书最忌涉猎,一卷未终,乱以他卷,一纸未终,旁及他纸;或取精而遗粗,或乐易而畏难,或喜新而厌故,有一于此,虽日竟寸许,亦无所得；即间或有得，而其所不得者正多也。又须自审日力，一日或三纸，或五纸，以至多纸；一纸或一过或再过，以至多过。先习其句读，次究其文义，次通其名理。若犹有疑者则阙之，以待后之自得，或以质诸人。夫曰学问者，明乎学不可以无问也；勤一问则剖一疑，若疑而不问，将终蓄此疑矣。

（四）为学当日有定程，虽人事旁午，必中程而后止。然不可密，密则难久，当绰然有余，始有涵泳之乐，所谓勿忘勿助长也。若欲速成与进锐而退速，皆谓之不善学。譬如食然：人日三食，食当其可，久之而百脉和，四体畅；使一日而为侏儒之饱死，一日而为臣朔之饥死，其必不能得所养矣。

（五）古人读书，或分年，分四时，分月分日，今所学既众，则当分时。将一日作几分，以一分读经或读史，一分作字，一分学制举业，一分学词章，一分录一日读书所得，又当留一分闲静时以养其心。此分未毕，不及他分，所学始可主于一，而不至杂然交战于中也。以上蒿盦类稿十四答饴澍问为学书

林纾

（一）仆治韩文四十年，其始得一名篇，书

字琴南，福建闽侯人。有《畏庐文集》等。

而黏诸案幂之,日必启读,读后复幂,积数日始易一篇。四十年中,韩之全集凡十数周矣。由韩之道而推及《左》《庄》《史》《汉》,靡有不得其奥。答甘大文书

(二)学有新旧,身心性命之学无新旧。吾国孔孟之言,到底无一些错处。读圣贤书不当作文章看,当作饮食衣服足以救我饥寒看,方能切心。若口里诵,耳里听,心里忘,纵使长年伏案,亦得不了一毫益处。譬如梦中吃饭,睡时饱,醒时饥是也。小儿语述义

(三)自言少时博览群书;五十以后,案头但有《诗》《礼》二疏《左》《史》《南华》及《汉书》韩欧之文,此外则《说文》《广雅》,无他书矣。其由博返约也如此。高梦旦畏庐三集序

梁启超

字卓如,号任公,广东新会人。有《饮冰室文集》等。

(一)若问读书方法,我想向诸君上一条陈。这方法是极陈旧的,极笨极麻烦的,然而实在是极必要的。什么方法呢?是钞录或笔记。

我们读一部名著,看见他征引那么繁博,分析那么细密,动辄伸着舌头说道:这个人不知有多大记忆力?记得许多东西,这是他的特别天才,我们不能学步了。其实那里有这回事。好记性的人不见得便有智慧;有智慧的人,比较的

倒是记性不甚好。你所看见者是他发表出来的成果；不知他这成果，原是从铢积寸累困知勉行得来。大抵凡一个大学者平日用功，总是有无数小册子或单纸片；读书看见一段资料，觉其有用者，即刻钞下。（短的钞全文，长的摘要记书名卷数叶数。）资料渐渐积得丰富，用眼光来整理分析他，便成一篇名著。想看这种痕迹，读赵瓯北的《廿二史劄记》、陈兰甫的《东塾读书记》，最容易看出来。

这种工作，笨是笨极了，苦是苦极了，但真正做学问的人，总离不了这条路。做动植物的人，懒得采集标本，说他会有新发明，天下怕没有这种便宜事。

发明的最初动机在注意。钞书便是促醒注意及继续保存注意的最好方法。当读一书时，忽然感觉这一段资料可注意，把他钞下。这件资料，自然有一微微的印象印入脑中，和滑眼看过不同。经过这一番后，过些时碰着第二个资料和这个有关系的，又把他钞下，那注意便加浓一度。经过几次之后，每翻一书，遇有这项资料，便活跳在纸上，不必劳神费力去找了。这是我多年经验得来的实况，诸君试拿一年工夫去试试，当知我不说谎。

先辈每教人不可轻言著述,因为未成熟的见解公布出来,会自误误人,这原是不错的。但青年学生"斐然有述作之志",也是实际上鞭策学问的一种妙用。譬如同是读《文献通考》的《钱币考》,各史《食货志》中钱币项下各文,泛泛读去,没有什么所得;倘若你一面读一面便打主意做一篇《中国货币沿革考》,这篇考做的好不好另一问题,你所读的自然加几倍受用。

譬如同读一部《荀子》,某甲泛泛读去,某乙一面读,一面打主意做部《荀子学案》,读过之后,两个人的印象深浅,自然不同。所以我很奖劝青年好著书的习惯。至于所著的书,拿不拿给人看,什么时候才认成功,这还不是你的自由吗?

每日所读之书,最好分两类:一类是精熟的,一类是涉览的。因为我们一面要养成读书心细的习惯,一面要养成读书眼快的习惯:心不细则毫无所得,等于白读;眼不快则时候不彀用,不能博搜资料。诸经、诸子、《四史》、《通鉴》等书,宜入精读之部。每日指定某时刻读他,读时一字不放过,读完一部才读别部。想钞录的随读随钞。另外指出一时刻,随意涉览。觉得有趣,注意细看;觉得无趣,便翻次叶。遇有想

钞录的,也俟读完再钞,当时勿窒其机! 治国学杂话

（二）文献各部分之专门研究,前途可开拓的境土甚多。正如一个极丰富极辽广的矿区,矿苗到处分布,层层堆积,只要你有方法开采、分析、制练,便可以生出许多珍奇高贵的产品。这种事业并不专靠书本,但书本里头可珍贵的原料,也真不少。

这种研究,各门有各门的特别资料和特别研究法,这里不能详细论列。书籍中的资料,到处散布,也不能遍举书名。今但把研究法之普遍原则说说：

第一,用怀疑精神去发生问题　天下无论大小学问,都发端于"有问题"。若万事以"不成问题"四字了之,那么,无所用其思索,无所用其研究,无所用其辩论,一切学问都拉倒了。先辈说"故见自封,学者之大患",正是谓此。所以会做学问的人,本领全在自己会发生问题。"天圆地方",向来不成问题,到歌白尼却成了问题。"人为万物之灵",向来不成问题,到达尔文却成了问题。"人欲净尽,天理流行",向来不成问题,到戴东原却成了问题。乃至苹果落地,开水掀壶盖,在旁人不成问题,奈端瓦特却对他发生

问题。《古文尚书》《太极图》,旁人不成问题,阎百诗、胡朏明对他却发生问题。为什么不发生问题?第一,以为是当然的事理,不值得注意;第二,以为前人久已论定了,何必更费心。这都是被旧日意见把自己封闭住了,如此便永远不会有新学问。然则如何才会发生问题呢?朱晦庵说:"学贵善疑;大疑则大悟,小疑则小悟,不疑则不悟。"善疑便是排除"故见"的第一法门。无论读什么书,听什么话,看见什么事,你疑他一下总不会蚀本。所谓疑者,并不是一疑之后从此便不信,因疑得信,也是常有的。但这回的信,却是有责任的了,有意识的了,不是故见而是新见了。总之,一疑便发生问题;发生问题便引着你向前研究;研究结果,多少总得点新见;能解决这问题固好,即不能,最少也可作后人解决的准备资料;甚至只提出问题,不去研究,已经功德不少;因为把向来不成问题变成问题之后,自然有人会去研究他解决他。

第二,用耐烦工夫去搜集资料　披沙拣金,千万颗沙里头不知道得着得不着一两颗金,可谓最不经济的事业。但既已沙外无金,那么,你除非不想得金罢;想得,只好耐烦拣去。做中国文献学的苦处在此。材料是尽有的而且很丰富,但散在各处,东一鳞,西一爪,合拢来可以成七宝楼台,分散着却一钱不值。但我们万不可以因此灰心或厌倦。做昆虫学的人,那里会有许多奇种异类的蝴蝶蜻蜓……不劳而获的飞到你身边让你研究?博物馆里头一格一格的蝴蝶蜻蜓标本,像我们这种门外汉看着,还不是莫名其妙吗?真有昆虫学趣味的人,倒是非亲手从树林中采集下来,不能过瘾;亦且非做过这番工夫,他的智识不能算是自己的。所以我们对于资料之多量而散漫,应该欢喜,不该讨厌。搜集资料之法,应该以问题为中心;未有问题以前,资料平铺纸上,熟视无睹;既有问题以后,资料自然会浮凸起来。凡自己会发生一个问题,必先有若干资料,曾供观察。就拿这些做基本资料,以后凡遇着和这项问题有关系的资料,见一件便搜罗一件。最要紧的工作,是要勤用笔记。因为许多宝贵而零碎的资料,稍为大意一点,便像拣出的金依然混回沙堆子里,要再找可就费力了。我们若能把勤做笔记的习惯养成,那么你所要的资料,自然常会聚拢到你身边,供给你的新见解。凡研究一个问题,搜集资料的工作,总是居全工作十分之七八。先有丰富的"长编",才能有简洁的定稿。以一个人的全生涯而论,中外古今大学者,他们有价值的著作,多半是四五十岁以后才成功。四五十岁以前做的什么事呢?须知都销磨在搜集资料里头。

第三,用冷静头脑去鉴别资料　我们读书往往做了许多冤枉功夫,辛辛苦苦搜集些资料拿来当宝贝,那里知道这资料却是假的或是错的。若将假的错的资料作为研究基础,不独自己不会成功,而且贻误别人不少。中国书假货极多,稍为外行的人便要上当:例如将今本《尚书》的《大禹谟》当作唐虞时候史官所记,将《周官》当作周初制度,将《孔子家语》当作孔子一生行状,又如认战国初年有列御寇这个人曾经作过一部《列子》,隋唐间有王通这个人曾经作过一部《文中子》:岂非笑话?或者书虽不假,而里头所讲的话许多靠不住:例如司马迁的《史记》,公认为中国史学界第一部名著,然而书中所记三代以前事,最少怕有一半错谬。官署里记当时办理一事的档案,文集中载同时人的墓志、行状,岂非耳闻目见,最可信据?然而十件中总有八九件绝非实录。凡此之类,倘不认真别择,则所凭藉的资料先没有价值,研究的结果如何能有价值?好在重要的伪书,经清朝儒者考证明白的已经不少。我现在打算做一部书,名曰《古书之真伪及其年代》，我希望将来出版后，可以省青年许多冤枉工夫。至于各种事实的鉴别法，恕我不能详说。我两年前著过一部《中国历史研究法》，里头有一部分专论此事，请读者参看。

第四，用致密技术去整理资料　满屋散钱请你拿，但没有一根绳子串上他，你便拿不去。会切烧鸭子的人，块块都是肉；不然，便块块都是骨头。这两句话虽然鄙俚，却是做学问的极好譬喻。孔子谓子贡曰："赐也汝以予为多学而识之者与？"对曰："然。非与？"曰："非也。予一以贯之。"我们读前人名著，看见他征引繁富，总以为这个人不知有多大记性，脑子里常满贮这许多资料。殊不知脑力之强不强，并不在乎能否记忆，而在乎能否分析。呆板的"多学而识"，并惟不可能，抑亦无用。荀子说："以浅持博，以一持万。"这便是"一贯"的正解，便是做学问的不二法门。我们对于一个复杂问题，搜集得无数资料，如何才能驾驭这些资料使为我用呢？第一，要提挈出他的特点；注意这件资料和别件资料不同的地方在那里。第二，要善于分类；把所得的资料，察其性质，纵分横分，分为若干组比较研究。第三，要求出相互关系；各种资料中,或有主从的关系,或有姊妹的关系,务要寻出线索贯穿他,不令一件一件的孤立。学者如能常用这三种方法,那么,资料越多越得用。如其不然,会被资料把你弄得头昏哩!

第五,用谦谨的态度去判断问题 无论何项学问,都以解决问题为最终目的。对于资料所下种种工夫,不过为解决问题之预备。虽然,发生问题,不妨为极大胆的怀疑,解决问题不可不为极小心的判断。当搜集,鉴别,整理资料的时候,当然会随时发生种种"假定",但是这种"假定",切勿便认为已经成熟的意见。戴东原说:"有十分之见,有未至十分之见。"凡未至十分之见,若轻于自信,便会变成魔障。大抵研究一个问题,到能毂设立"假定"时候,工夫已经过半了。真是忠于学问的人,在这时候绝不肯放松自己。最好将自己的"假定"当做"被告",自己先做"原告律师",极力推寻他的破绽;凡有一丝一隙的反面证据,断断不肯隐匿。经这一番之后,再回过头来充"被告律师",替自己的"假定"辩护。辩得通,那么,这个"假定"的正确程度便增加一分,或者问题就从此解决。辩不通,便须毅然决然把这个"假定"抛弃了,切勿护短留恋。若觉得这个"假定"十有八九是对,却还有一二分像站不住，那么，就请把你认为站不住的那几点老实说出来，重新作为一个问题，待别人研究。切勿因为怕妨害自己的主张，把他隐藏或曲解。因为：（一）你自己对于这问题研究很深，别人或不容易看出你的破绽，所以该自己说出来。（二）这问题一部分已经解决的，省得别人费力，把剩下的几点指出，给别人集中研究，是学术上分功的办法。（三）自己觉得站不住的地方，或者别人有方法令你站得住，便是把自己意见增加价值。总之，无论大小学问绝不是一个人或一个时代所能完成。若件件完成，后来的人有什么可做呢？我们最好常常存心：认自己研究的结果只能供别人参考资料，庶几孔子说的"可以无大过矣"。

这种研究法，我认为治文献学唯一的法门，不如此做，便非学问。但应用这种法门也非容易，总要在青年时代养成习惯，最好更得前辈所做过者为之模范。我请把几部可以做模范的书推荐给各位青年：

万斯大的《周官辨非》 阎若璩的《古文尚书疏证》 胡渭的《易图明辨》 康有为的《新学伪经考》 崔适的《史记探源》

这几部书看他们发生问题何等大胆。但他

们判断问题有不甚谦谨之处，不可学。

赵翼的《廿二史劄记》　俞正燮的《癸巳类稿》　陈澧的《东塾读书记》

这几部书看他们对于资料之搜集整理何等辛勤。（《癸巳类稿》多经史以外的考证，故举为例。）

王引之的《经传释词》《经义述闻》　俞樾的《古书疑义举例》

这几部书看他们怎样的驾驭资料，且所下判断何等谨慎。

总之清代经师做学问，大概都是用这种方法，和近代欧美人研究科学的方法很有点相同。以上不过随举数书，其实各种经传新疏及各文集中专篇，可学者甚多，恕不枚举了。他们所致力者虽仅在古典方面，然而这种精神应用于各种文献学乃至自然科学，皆可以"举一隅而以三隅反"也。

这种研究法，不惟在学术上可以引起种种发明创造，即就涵养德性论，亦极有关系。若能从青年时代养成这种学问习惯，则勇敢，耐烦，明敏，忠实，谦逊，种种美德，不知不觉会跟着养成。所以我奉劝青年们多用这番工夫才好。读书法

（三）文献的学问，应该用客观的科学方法

去研究。

第一求真　凡研究一种客观的事实,须要先知道"他的确如此",才能判断"他为什么如此"。文献部分的学问,多属过去的陈迹,以讹传讹,失其真相者甚多。我们总要用很谨严的态度,子细别择,把许多讹书和讹事都剔去,把前人的误解修正,才可以看出真面目来。这种工作,前清乾嘉诸老,也曾努力过一番,有名的清学正统派之考证学便是。但依我看来,还早得很哩!他们的工作,算是经学方面做得最多;史学方面,便差得远;佛学方面,却完全没有动手哩!况且我们现在做这种工作,眼光又和先辈不同;所凭藉的资料,也比先辈们为多,我们应该开出一派新考证学。这片大殖民地,很彀我们受用咧!

第二求博　我们要明白一件事物的真相,不能靠单文孤证,便下武断;所以要将同类或有关系的事情,网罗起来;贯串比较,愈多愈妙;比方做生物学的人,采集各种标本,愈多愈妙。我们可以用统计的精神,作大量观察。我们可以先立出若干种假定,然后不断的搜罗资料,来测验这假定的是否正确。若能善用这些法门,真如韩昌黎说的:"朱溲马勃,败鼓之皮,兼收并蓄,待用无遗。"许多前人认为无用的资料,我们都可以把他废物利用了。但求博也有两个条件:荀子说"好一则博,"又说"以浅持博"。我们要做博的工夫,只能择一两件专门之业,为自己性情最近者做去,从极狭的范围内生出极博来。否则便连一件也博不成,这便是"好一则博"的道理。又满屋散钱,穿不起来,虽多也是无用。资料越发丰富,则驾驭资料越发繁难;总须先求得个一以贯之的线索,才不至博而寡要。这便是"以浅持博"的道理。

第三求通 好一固然是求学的主要法门,但容易发生一种毛病。这毛病我替他起个名,叫做"显微镜生活";镜里头的事物,看得纤悉周备;镜以外,却完全不见,这样子做学问,也常常会判断错误。所以我们虽然专门一种学问,却切不要忘却别门学问和这种学问的关系;在大门中,也常要注意各方面相互之关系。这些关系,有许多在表面上看不出来的;我们要用锐利眼光,去求得他。能常常注意关系,才可以成通学。治国学的两条大路

唐文治

字蔚芝,太仓人。有《人格》等。

(一)大抵学问之道,宜分三层:其始也,当勇往而迈进;其继也,当优游而涵泳;其终也,当

贞固而不懈。然而矢有恒之志气易,保有恒之精神难。有恒之精神,半生于磨练,半根于生理。我学生非不知有恒之益,然往往因身体不健,以致精神萎弥,不能持久。故学者宜先讲求卫生,能卫生,则有恒之基以立;乃能操之而不舍,行之而无倦。无论风雨晦明,干戈戎马,造次颠沛,决不中辍矣。抑更有进者,孟子曰:"其进锐者其退速。"又曰:"助之长者,揠苗者也。"凡人之可与谋始,难与图终者,皆由于躁进而欲速。余常教人读书之法:譬诸一人每日能读二十页,只须每日读十五页,毫无间断;则十日可得一百五十页,一月即得四百五十页矣。倘使一人每日能读三十页,而强读四十页,至三五日后,厌倦渐生,再数日则弃之而不读矣。故无间断之功,乃事业之所由成,天下之所无敌也。人格学生格

(二)学生于星期日,正宜仿古人半日读书半日静坐或游息之意。半日读书,温习一星期内之功课,俾资结束,《论语》所谓日知其所亡,月无忘其所能是也;半日静坐或游息者,行曾子三省,颜子不远复之法,操存涵养,以求放心。或出外游憩,得春风舞雩之乐,古人所谓藏焉,修焉,息焉,游焉是也。人格学生格

章炳麟

字枚叔,号太炎,浙江余杭人。有《章氏丛书》。

(一)凡习国文,贵在知本达用,发越志气,空理不足矜,浮文不足尚也。中学诸生,年在成童以上,记诵之力方强,博学笃志,将从此始。若导以佻奇,则终身无就。今列应习书目如左:或诵或阅,或由教师选授,虽非旧术,以限于时序,有不得已而为之尔。

《尚书》孔传 《诗》毛传郑笺 《周礼》郑注 《春秋》左传杜解

右经部:唐时以九经并列,宋以来合《论语》《孝经》《尔雅》《孟子》则为十三。今只列《书》《诗》《周礼》《春秋》《左氏》者,以为经本古史之流,法制莫备于《周礼》,而《仪礼》记其细也。三古大事,略具于《尚书》;东周以上,《诗》亦以韵文补之。春秋大事,莫备于《左氏》,而《公羊》《穀梁》不具也,若《论语》《孝经》《孟子》,则诸生多已诵习,不烦重举。《周易》则义旨既深,不可猝解,故此只取四经为主。观其行法行事,足以识古。

《史记》《资治通鉴》《续通鉴》《明通鉴》《清五朝东华录》蒋良骐

右史部:史之发人志趣,益人神智,其用实倍于经,非独多识往事而已。汉儒通经致用,中兴二十八将，则多习《左氏》。及昭烈课子，仲谋教吕蒙，始用《汉书》三史，自是通史致用，遂为通则。人不习史，端者不过为乡里善人，庸者则务在衣食室家，而尚奇者或为乱政之魁，清末至今，其弊可见。大抵学校专趣口讲，则部帙广博者不便；非空言笼罩，则偏详皇古，而略近代，舍实取虚，背明向暗，所谓好画鬼魅，恶图犬马者矣。或取纪事本末为说，然年月阔略，须附纪传编年以行，事各为志，亦于当时利病相隔，终不可以为训也。

《老子》王弼注　《庄子》郭象注　《荀子》杨倞注　《韩非子》《吕氏春秋》高诱注　《中论》《申鉴》《颜氏家训》《文中子》《二程遗书》《王文成公全书》《颜氏学记》

右子部：诸子非纯粹哲学，大抵可行于身，可施于国，与张皇幽眇，空取理胜者大殊。《管》《墨》二子文义艰深，转写多误，不便初学。《淮南》文艳而用寡，《法言》语短而理诎，故并置之。自宋而后，理学分途，不胜列举。然《通书》《正蒙》之流，辞过渊奥；朱陆同异之辩，无益于人。故上取二程，下取文成为主。《颜氏学记》与宋明理学异，趣要其所归，则《周官》德行道艺之事，合于古之儒术，故亦录焉。修身应物，终以理学为要；此诸家者，亦不堕迂滞也。

《古文辞类纂》《续古文辞类纂》王氏《古诗源》《唐诗别裁》

右集部：陈说事理，非文不宣；抒写情性，非诗不达。然中学诸生，方务为学，此则未暇。究之经史诸子，文皆闳美，善文者本不赖于集部，惟由是知其体式尔。诗则自有别裁别趣，苟非其人，虽习亦无效。今则于别集悉置不录，总集如《文选》，亦不宜于始选。只取四种，使知辞尚体要，诗归正则则止矣。且玩春华而忽秋实，本学者之大戒，唐李德裕谓其家不蓄《文选》，恶其浮华，语虽过激，于今日则正为针砭。若夫俚歌鄙语，挥霍立就，则无足置论矣。文史诸书，如《史通》《文史通义》等，今亦不采者，所求乎学子，在其深造以致远，不欲其语高而长傲也。

《说文句读》《说文解字注》《尔雅义疏》《广韵》《经传释词》《世说新语》《梦溪笔谈》《困学纪闻》翁注 《日知录》黄释 《十驾斋养新录》

右诸书，本诸子类，所谓儒家杂家小说家之书也。《纪闻》以下，包罗深广，读诸书者，咸有取资；而《日知录》独举大体，其《世说新语》则多存名理，《笔谈》则兼综艺事，非诸说部所拟；是以分出诸种于子部,为学者博其趣尔。

《中华民国宪法》《中华民国刑律》《仪礼丧服篇》《清服制图》

右法律礼制之书,文人不知礼法,则昌狂自恣,流害风俗,甚于盗贼。且入官以后,冥冥不习者多矣。华国月刊中学国文书目

(二)董遇云:"书读百遍,而义自见。"自古有载籍极博,而下笔不能条理者;亦有寡学著书,反胜博学者:无他,前者失之卤莽,后者得之读百遍耳。制言第十三期菿汉闲言

(三)读古书须明辞例,此谓位置相同,辞性若一;如同为名物之辞,或同为动作之辞也。然尚有不可执者,《论语》发端便云:不亦说乎,不亦乐乎,不亦君子乎,君子与说与乐,辞性岂得同也?或者拘挛过甚,同为名物,尚以天成人巧,动物植物琐细分之,流衍所极,必有如宋人说《滕王阁序》以落霞为霞娥者。高邮王氏父子,首明辞例,亦往往入于破碎,如《秦风》终南何有,有纪有堂,与有条有梅相偶,同为名物之辞。王氏以其属对未精,必依《白帖》改纪堂为杞棠。《商颂》:受大球小球,受小共大共,《传》曰:球,玉也;共,法也;亦同为名物之辞。王氏又以属对未精,必依《大戴记》一本及《淮南》高

诱注改共为拱,引《广雅》:拱,球法也说之,苟充其类,则霞娥之说亦不可破矣。制言第十四期荀汉闲言

黄侃

> 字季刚,湖北蕲春人。有《文心雕龙札记》等。

先生居常诏吾辈,有名言至论,为治学所不可易者。如论读经云:"为文必先读经,而读经先要明句读;未有句读不明,而能探索义理者也。"又云:"诵经文,看注疏,其本也。由疏以明注,由注以绎经,由一经之注疏,以通他经之注疏,则涣然而会通矣。"论小学云:"形声训诂之学,莫备于《说文》;不明《说文》,不足以通古文。"又云:"看《说文》当专攻许氏原书,旁及二徐;清代注《说文》者甚少,略之可也。"论文学云:"学文者寝馈唐以前书,方窥秘钥。《文选》《唐文粹》可终身诵习。"又云:"唐以前文,高处在能制辞,宋后则掇拾前人成句为文而已。上焉者气韵潏溱,下焉者佁衍叫嚣,何足言文?"璠饫闻既久,又以其言简远而蕴义靡尽,治学之法,鲜能外此。因重夲之,以谂来学。制言第七期章璠黄先生论学别记

蔡元培

> 字子民,浙江绍兴人。有《中国伦理学史》等。

我自十余岁起,就开始读书;读到现在,将满六十年了;中间除大病或其他特别原因外,几

乎没有一日不读点书的,然而我没有什么成就,这是读书不得法的缘故。我把不得法的概略写出来,可以作前车之鉴。

我的不得法,第一是不能专心:我初读书的时候,读的都是旧书,不外乎考据词章两类。我的嗜好,在考据方面,是偏于诂训及哲理的,对于典章名物,是不大耐烦的;在词章上,是偏于散文的,对于骈文及诗词,是不大热心的;然而以一物不知为耻,种种都读;并且算学书也读,医学书也读,都没有读通。所以我曾经想编一部《说文声系义证》,又想编一本《公羊春秋大义》,都没有成书。所为文辞,不但骈文诗词,没有一首可存的,就是散文也太平凡了。到了四十岁以后我始学德文,后来又学法文,我都没有好好儿做那记生字练文法的苦工,而就是生吞活剥的看书,所以至今不能写一篇合格的文章,作一回短期的演说。在德国进大学听讲以后,哲学史、文学史、文明史、心理学、美学、美术史、民族学统统去听,那时候这几类的参考书,也就乱读起来了。后来虽勉自收缩,以美学与美术史为主,辅以民族学;然而他类的书终不能割爱,所以想译一本美学,想编一部比较的民族学,也都没有成书。

我的不得法,第二是不能勤笔:我的读书本来抱一种利己主义,就是书里面的短处,也不大去搜寻他,我止注意于我所认为有用的或可爱的材料。这本来不算坏,但是我的坏处,就是我虽读的时候注意于这几点,但往往为速读起见,无暇把这几点摘抄出来,或在书上做一点特别的记号,若是有时候想起来,除了德文书检目特详,尚易检寻外,其他的书,几乎不容易寻到了。我国现虽有人编"索引""引得"等等,又专门的辞典,也逐渐增加,寻检自然较易,但各人有各自的注意点,普通的检目,断不能如自己记别的方便。我尝见胡适之先生有一个时期,出门时常常携一两本线装书,在舟车上或其他忙里偷闲时翻阅,见到有用的材料,就折角或以铅笔作记号。我想他回家后或者尚有摘抄的手续。我记得有一部笔记,说王渔洋读书时,遇有新隽的典故或词句,就用纸条抄出,贴在书斋壁上,时时览读,熟了就揭去,换上新得的,所以他记得很多。这虽是文学上的把戏,但科学上何尝不可以仿作呢?我因从来懒得动笔,所以没有成就。

我的读书的短处,我已经经验了许多的不方便,特地写出来,望读者鉴于我的短处,第一

能专心,第二能勤笔,这一定有许多成效。文化建设月刊我的读书经验

孙德谦

字隘堪,江苏吴县人。著有《古书读法略例》等。

(一)昔贤有云:书必博观,盖只观此书,而无彼一书者,为之参证,则义理无由见。故读古人书,有因彼见此之法也。

(二)尝谓读书之法,当于实者虚之,虚者实之。何言乎实者虚之也?如读记事之书,必求其义理,孟子之论《春秋》曰"其事则齐桓,晋文,其文则史,"孔子曰"其义则丘窃取之矣,"盖其事其文而外,自有大义存焉。故凡书之记事者,当进而探索乎其义,此实者虚之之法也。虽然,虚者实之,其法将奈何?古人立言,岂能遗弃事实,而向壁虚造,吾就其所论义理,而证之以事,即其法也。

(三)近世考据家,其读古书也,不知多闻阙疑之义,于书之难解者,辄曰此形误,此声误,甚至谓传写者之误,不必详考其意指如何,而强书就我,盖无有不可通者;即使竟不可通,则又胸驰臆断,不曰脱文,即曰衍文,夫读古书而可任人去取,归之衍文,则又不妨我为删削。如此读书,岂不易哉!

(四)孟子曰:"古之所以大过人者无他

焉,善推其所为而已矣。"此虽非为读书言,然读古书者,其法亦惟以善推为尚。……《说文》:"士,事也。"孔子曰:"推十合一为士。"夫所贵乎士者,为能善推事理,乃足称之为士。盖不独读书为然,而读书之法,其可不知善推乎哉?

(五)夫读书亦求其解耳,然求之过甚,有愈解而愈不得其解者,此书之所难读也。晋陶渊明者,世但称为诗人隐逸之宗,不知其最善读书,尝有言曰:"好读书,不求甚解,每有会意,便欣然忘食。"是陶公之读书,以会意为主,其于说解,惟求得解得止,不甚求也,岂非善读书者乎?或曰:不求甚解,渊明之读书,固为良法;虽然,其法果何如?曰:《论语》:"子畏于匡,颜渊后,子曰:'吾以女为死矣。'曰:'子在,回何敢死!'"此章之意,盖颜渊所以不敢死者,特自明其尊师之义,如此为解足矣。若求甚解,死则死矣,岂有所谓不敢者,转将费解。故读书之法,苟求甚解,则断乎不可。以上《古书读法略例》

王云五

字岫庐,广东中山人。有《王云五大辞典》等。

我所主张的读书方法。我以为做学问好像造房子,先要奠基,然后开始建筑。所谓学问的基础,无疑地便是文字和各种普通学科的知识。

假定以相当于现在初中毕业的程度为准则,在这基础之上便可以开始学问上的建筑。换句话说,便可以开始有规律、系统的研究。具体些说,便可以就自己所好,饱读一科目的书。但如何能鼓起读书的兴趣,和养成将来不断读书的习惯呢?我以为最好不过是一开首便择定一个中心问题,写一本有系统的书稿,或是一篇有系统的论文。这种书稿或论文,并不是要印刷发表,只作为个人读书的一种清帐。从前读书人主张做劄记,这固然是很好的方法,但劄记的性质是杂乱的,其组织是散漫的,虽可帮助记忆,练习作文,却不能养成研究习惯和兴趣。反之,如能择定一个中心题目,写篇有系统的论文,那读书既有目的,自然而然的翻着有关系的图书杂志,去搜罗材料。如果得着相当的材料,正如淘沙得金,其快乐可想而知。如果得不着相当材料,正如饥思食渴思饮,其欲望之浓厚,又可想而知。本来各大学的高年生所做毕业论文,其意义便是如此。可惜国内各大学对于此事不很注意,不过敷衍门面,所以效力不大。我常常以为不独大学生应该以十倍精神,各人写一本研究深切的毕业论文,就是高中学生,也应该各人写一本至少五万字的毕业论文,甚至初中学生也应写一本二三万字的毕业论文。因为做这样的论文,一来须多读书,二来可练习文字,三来可以组织思想。研究专门学问的人,固然可发挥专门的问题,就是普通学生也可就浅近问题搜罗资料,从事系统叙述。现在我可奉劝不在学校研究的人,如有心读书,最好也随意择一个中心题目。这些中心题目,大的像世界大事、国家政治,次的像哲学问题、科学原理,小的像北京的鸭子,近的像上海的城隍庙,都可以作为研究的题目,尤其是题目愈小,愈能引起读书的兴趣。不过在开始研究的时候,最好请一位有研究的人,把研究的程序,和应该搜集的材料,大略给他指导。经过了相当的研究,便自然自动找寻材料了。现在文化建设协会请了许多专家替有志读书的青年选定了当读的书,譬如替各位奠定了学问的基础,如何从这基础上开始建筑。要靠各位自己的选择和计划。我奉劝各位最好能各自预定一种题目,本着这种题目,第一步向指定的书本中求资料,各位对于所读的书本,定必有兴趣。同时如有余力,自然会向其他书本中探求问题的资料,这样诸位对于所进修的学术上的建筑,便因兴趣浓厚,可以早日完成。完了。*申报王云五演讲读书的方法*

胡朴安

（一）余尝有宣言，研究国学之方法有二：其一即以客观的研究，为整理国学之方法。夫国学之范围颇广，欲得详密之整理条例，必将国学分门别类，各定一精严之整理方法而后可。然此方法之决定，断非一人之力所能任，盖学非专门必不能得其精细也。然大要之整理方法，可以预定。兹以个人之意见，定一整理国学之大要方法二条如下：一、以结帐式之整理，以求国学之统系。二、以摘要式之整理，以求国学之精粹。何谓结帐式整理？中国各种学问，皆散漫无纪，自有书籍以来，未有一种书籍，可以包括一种学问而无遗者也。兹以小学为例：段王朱桂之书，可谓比较的稍有结束，然而只是一家之学；如语以小学之全，相去奚啻倍蓰。所以关于小学之著述，当合小学之著述，去其重复，合为一编；其是非精粗，姑且置之不问。所谓结帐者必先开帐也。迨编纂既成，然后是非精粗，可以凭藉此编，而为一度之结束。其他各种学问之整理，胥如是也。何谓摘要式整理？中国书籍，浩如烟海，然而一书之中，求其最精要者，往往十不获一，或且百不获一，而又糅杂纷乱，律以最近学问分类，鲜有一种书籍专述一种学问

名韫玉，以字行，安徽泾县人。有《朴学斋丛刊》等。

者。若不为摘要式之整理，则精粹将埋没于糠秕而不显，读者亦苦其用力多而获益少也。摘要式之整理，即将每一种书，摘其最精要之处，为之贯穿而条理之。但有最要之条件，须以各书还其本来面目，不可以私意乱之也。国学汇编客观的研究国学方法

（二）读书必先识字。古书用字，假借为多，壶之为瓠，甲之为狎，所在皆是。故不明假借，即不可以读古书。古书字义，与今不同，流之为求，悠之为思，字形固异，义训亦殊。执今训以解古书，则扞格而不能入，故不明训诂，即不可以读古书。义随音异，往往而有，毁火音同，则毁可训火；能耐音同，而耐可训能。昧于声韵，训诂俱晦，故不明声韵，即不可以读古书。其他如缓言急言之不同，离章析句之或异；使不辨之明，考之确，即无以知古时之名物，而得古人之义理。汉学家读书方法：以声韵得训诂，以训诂析章句，以章句辨名物，以名物明义理，有条理，有系统。宋儒之空虚，不可与同语。国学月刊论读书法

（三）吾人读古书，固当辨别真伪，不被作伪者所欺；真伪既明，真者固当宝贵，伪者亦有相当之价值。一可当辑佚之价值：凡作伪者断

非凭空构造，必将所伪之书，散见于群籍者，网罗无遗，然后排比而成之。后人不见古人全书，见古人之一鳞一爪，亦可假此得古人之思想及其行为。此有相当之价值者，一也。二可当笺注之价值：凡作伪者，断不能以主观之思想，而演古人之事实；必网罗关于所伪之书诸材料，以客观之研究，几及古人于万一。故所伪者虽非真书，至少必出笺注之上。此有相当之价值者，二也。国学汇编尚书今古文说

胡适

（一）读书的方法，据我个人的经验，有两个条件——

一　精。

二　博。

字适之，安徽绩溪人。有《胡适文存》等。

一　精

从前有"读书三到"的读书法，实在是很好的；不过觉得三到有点不够，应该有四到，是

眼到

口到

心到

手到

眼到　是个个字都要认得。书是集字而成

的,要是不能认清,就无所谓读书,也不必求学。

口到　前人所谓口到,是把一篇能烂熟地背出来。现在虽没有人提倡背书,但我们如果遇到诗歌以及有精采的文章,总要背下来,它至少能使我们在作文的时候,得到一种好的影响。

心到　是要懂得每一句每一字的意思。做到这一点,要有外的帮助,有三个条件:

一　参考书,如字典、辞典、类书等。平常说:"工欲善其事,必先利其器。"我们读书,第一要工具完备。

二　做文法上的分析。

三　有时须比较、参考、融会、贯通。往往几个平常的字,有许多解法,倘是轻忽过去,就容易生出错误来。如中文中的"言"字,"于"字,"维"字,都是意义很多的,只靠自己的能力有时固然看不懂,字典里也查不出来,到了这个时候非参考比较和融会贯通不可了。

手到　何谓手到？手到有几个意思:

一　标点分段,

二　查参考书,

三　做劄记:劄记分为四种:

甲　抄录备忘。

乙　提要。

丙　记录心得。记录心得，也很重要。张横渠曾说："心中苟有所开，即便劄记，否则还失之矣。"

丁　参考诸书而融会贯通之，作有系统之文章。

手到的功用，可以帮助心到。我们平常所吸收进来的思想，无论是听来的，或者是看来的，不过在脑子里有一点好或坏的模糊而又零碎的东西罢了。倘若费一番功夫，把他芟除的芟除，整理的整理，综合起来作成札记，然后那经过整理和综合的思想，就永久留在脑中，于是这思想，就属于自己的了。

二　博

就是什么书都读。中国人所谓"开卷有益"，原也是这个意思。我们为什么要博呢？有两个答案：

一　博是为参考

二　博是为做人

博是为参考　比如我们要读《诗经》，最好先去看一看北大的《歌谣周刊》，便觉《诗经》容易懂。倘先去研究一点社会学，文字学，音韵学，考古学等等以后，去看《诗经》，就比前更懂得多了。倘若研究一点文字学，校勘学，伦理学,心理学,数学,光学以后去看《墨子》,就能全明白了。

大家知道的:达尔文研究生物演进的状态的时候,费了三十多年光阴,积了许多材料,但是总想不出一个简单的答案来。偶然读那马尔萨斯的《人口论》,便大悟起来,了解了那生物演化的原则。

所以我们应该多读书,无论什么书都读,往往一本极平常的书中,埋伏着一个很大的暗示。书既是读得多,则参考资料多,看一本书,就有许多暗示从书外来。

博是为做人　像旗杆似的孤另另地只有一技之艺的人固然不好,就是说起来什么也能说的人,然而一点也不精,仿佛是一张纸,看去虽大,其实没有什么实质的也不好。我们理想中的读书人是又精又博,像金字塔那样,又大,又高,又尖。所以我说:"为学当如埃及塔,要能博大要能高。"怎样读书

(二)整理国故约有三途:一曰索引式之整理,一曰总帐式之整理,一曰专史式之整理。

典籍浩繁,钩稽非易,虽有博闻强记之士,记忆之力,终有所穷。索引式之法,以一定之顺序,部勒紊乱之资料,或依韵目,或依字画,其为

事近于机械,而其为用可补上智才士之所难能。是故有《史姓韵编》之作,而中下之材智,能用《廿四史》矣,有《经籍纂诂》之作,而初学之士能检古训诂矣。此索引式之整理也。

总帐式者,向来集注、集传、集说之类似之。同一书也,有古文今文之争,有汉宋之异,有毛郑之别,有郑王之分。墨守门户之见者,囿于一先生之言,不惜繁其文,枝其辞以求胜;而事过境迁,向日斤斤之争,要不过供后人片段之撷取而已。上下二千年,颠倒数万卷,辨各家异同之得失,去其糟粕,拾其精华,于以结前哲千载之讼争,而省后人无穷之智力。若商家之岁终结帐然,综观往岁之盈折,正所以为来日之经营导其先路也。

专史云者,积累既多,系统既明,乃有人焉,各就性之所近而力之所能勉者,择文化史之一部分,或以类别,或以时分,著为专史。专史者,通史之支流,而实为通史之渊源也。二千年来,此业尚无作者。郑樵有志于通史,而专史不足供其采择;黄宗羲、全祖望等有志于专史,而所成就皆甚微细。此则前修之所未逮,而有待于后来者矣。淮南鸿烈集解序

科学的方法,说来其实很简单,只不过"尊

重事实,尊重证据"。在应用上,科学的方法只不过"大胆的假设,小心的求证"。<small>治学的方法与材料</small>

吕思勉

<small>字诚之,江苏武进人。著有《经子解题》等。</small>

学问之道,贵自得之;欲求自得,必先有悟入之处;而悟入之处,恒在单词只义,人所不经意之处。此则会心各有不同,父师不能以喻之子弟也。昔人读书之弊,在不甚讲门径;今人则又失之太讲门径,不甚下切实工夫,二者皆弊也。愿与承学之士共勉之!<small>经子解题序</small>

钱基博

<small>字子泉,江苏无锡人。有《国学必读》等。</small>

(一)诵者玩其文辞之美,读者索其义蕴之奥。《乐记》曰"广其节奏,省其文彩,以绳德厚",诵之法也。孟子曰:"博学而详说之,将以反说约",读之法也。古人之所谓诵,今人曰读;古人之所谓读,今人曰看。曾涤生谕儿子纪泽书云:"看者如尔去年看《史记》、《汉书》、韩文、《近思录》,今年看《周易折中》之类是也。读者如《四书》、《诗》、《书》、《易》、《左传》诸经,《昭明文选》、李、杜、韩、苏之诗,韩、欧、曾、王之文,非高声朗诵,则不能得其雄伟之概;非密咏恬吟,则不能得其深远之韵:二者不可偏废。"是曾氏之教其子,亦看与读并重。而今日之谭国文

教学者，只言读本而无看本；譬如两轮之废其只，双足之刖其一。则甚矣其为跛形不具之国文教学也。窃以为读之文宜生情，看之文宜主理。读之文宜有序，看之文宜有物。读之文宜短，而看者不宜过短。读之文宜美，而看者不必尽美。鼓之舞之之谓作，情文相生者，读之文也。长篇大论，善启发人悟，而条达疏畅者，看之文也。国学必读序言

（二）儿童读书，能背诵尚靠不住，以其随口唱诵，往往于字形未曾体认，文义不必会也。生字既识以后，须使之照书抄写一遍，而后为之讲解。及其能背诵以后，尤必责使默写无讹而后已。谚云"口过心过，不如手过"，斯言良信。某社存古小学教学意见书

（三）读史之大病，在记忆事实，而不深究其所以。宁都魏禧称："程伊川（颐）先生每读史到一半，便掩卷思其成败，然后再看；有不合处，又更思之；其间有幸而成，不幸而败者，不得徇其已然之迹，与众人之论。"王船山（夫之）《读通鉴论》，即是如此做出。某社存古小学教学意见书

读书之法，贵能观其会通。必先分部互勘，非然，则以笼统为会通矣。当拟姚纂之读法有三：

第一分体分类读；

第二分代分人读；

第三分学读，如分为通论、道家文学、儒家文学、墨家文学……之类。_{古文辞类纂解题及其读法}

（四）"博学于文，约之以礼。"（《乐记》云：礼者，理之不可易者也。须是活看作有条理讲，不必泥煞作礼制威仪看。）此孔子治学之法也。"博学而详说之，将以反说约也"，此孟子治学之法也。子贡多学而识，博学也。夫子一以贯之，说约也。《朱子语类》云："尝譬之：一，便如一条索，那贯的事物，便如许多积钱，须是积得这许多散钱了，却将一条索来一串穿，这便是一贯。若陆氏之学，只是要寻这一条索，却不知道都无可得穿。"其论一贯之必由多识，以征说约之先以博学，可谓罕譬而喻。自古学问而有成，未有不如此。如不博学而求说约，只是幻想，岂有真见，宋学之末流也。但博学而不说约，徒见断片，不成条贯，清学之琐碎也。_{古籍举要孟子}

陈柱

字柱尊，广西北流人。有《诸子概论》《墨子闲诂补正》等。

（一）古今成学之士，类多从勤苦得来。即灵敏之行，虽似本乎天赋，然亦可以勤学得之。今举清儒阎若璩为例。清人江藩《汉学师承记》

云："若璩生而口吃,性钝,六岁入小学,读书千遍,不能背诵。年十五,冬夜读书,扞格不通,愤悱不寐;漏四下,寒甚,坚坐沉思,心忽开朗,自是颖悟异常,是年补学官弟子。一时名士如李太虚、方尔止、王子一、杜于皇皆折辈行与交。若璩研究经史,寒暑弗彻。尝集陶贞白、皇甫士安语题所居之柱云:'一物不知,以为深耻;遭人而问,少有宁日。'其立志如此。"然则天性愚钝,亦可以勤苦使之颖悟。学者不患天才之不敏,而患用功之不勤耳。

第一步须分读阅两法:曾国藩《与邓寅阶书》云:"看者涉猎,宜多,宜速;读者讽咏,宜熟,宜专。看者日知其所无,读者月无忘其所能。看者如商贾趋利,闻风即往,但求其多;读者如富人积钱,日夜摩挲,但求其久。看者如攻城拓地,读者如守土防隘。二者截然两事,不可阙,亦不可混。"然则何者应阅乎?何者应读乎?曰:视乎学者之所专。所专者宜读宜熟,其余宜阅宜速。就所专之中,又当略分轻重,而读熟之程度有高下焉。至于诗文之为纯文学者,则尤非时时习诵不可。盖文学非仅凭乎知识,要在优游涵养而神化之,故非熟读多读莫能为也。

第二步求通大意:求通大意之方法,最好是取名家评点之书籍,照临一次,明白洽心者熟读之,不识者置之,特别者笔记之。否则字字苦索,力疲者不数叶而止,志强者亦事倍功半,耗精神于无用也。

第三步深求法:……

第四步研究法:此当分三层,略述如下:

一、思辨:此颇近于今人所谓怀疑。唯怀疑则与尊信相反,而思辨则界乎两者之间。疑所当疑,信所当信,不似怀疑之易流于偏激耳。怀疑者有时自信太过,反未及思辨,而自陷于武断。唯思辨者则纯粹客观之学,而其所思辨者,实已经过怀疑之观念,故怀疑不可以包括思辨,而思辨可以包括怀疑也。昔之成学能有新发明者,未有不始于怀疑,而终于思辨者也。《汉学师承记》载阎若璩云:"年二十,读《尚书》,至古文,即疑二十五篇之伪;沉潜二十余年,乃尽得其症结所在,作《古文尚书疏证》。"又述戴震事云:"君年十岁,乃能言,就傅读书,过目成诵,塾师授以《大学章句》右经一章,问其师曰:'此何以知为孔子之言,而曾子述之?又何以知曾子之意而门人记之?'师曰:'此子朱子云尔。'又问子朱子何时人?曰:'南宋。'问曾子何时人?

曰：'东周。'又问：'东周去宋几何时？'曰：'几二千年。'曰：'然则子朱子何以知其然？'师不能答。"观此，可以知二人思辨力之强，故能发明古学，卓然为国学大师也。盖学无思辨，则人云亦云，记诵虽博，亦犹一书店而已，于己何益乎？孔子曰："博学之，审问之，慎思之，明辨之。"博学审问必继以慎思明辨，是不可以不察也。

二、考证：此是研究学问最不可少之功夫，而研究国学则为尤要。盖实事求是之学，本当如此。不然，则妄想怀疑，凭空思辨，语无佐证，足以欺童蒙，未足以语高明也。考证学之重要，譬之于科学，殆如物理化学之有实验矣。理化无实验，而谓其足以征信于人乎？

三、校订：此亦为治国学者所最不可少之法。盖古书传世已久，有无识之妄改，有无意之讹脱，有篆隶之讹变，有避讳之改省。以是之故，倘不严加考订，则郢书燕说，势必不免矣。自宋以后此学久荒。至清而极盛，殆已成专门之学矣。

第五步，讲论条贯，明辨得失：所谓讲论条贯者，所读之书，已经精心考据，文字训诂已无误，爰将其说分类研究，综合比较，以求其大旨之所在，而明学说之条贯，而后全书之义，乃可谓尽明矣。所谓明辨得失者,凡学说能卓然独立,成为一家者,必有其独到之处,亦必有其偏失之处。……则明辨得失,不为所读之书所蔽,而后可获学问之益。此凡求学者所当知,不仅研究国学为善矣。研究国学之门径

(二)尝见世之学者,始未尝不喜读书;然每取一书,读至数叶,一遇有难解之处,即便废去;乃再取他书读之,至数叶又遇深奥之处,又复废去;如是遂无一书可以自修领悟者。此学者之通病也。仆今告学者自修之法,倘循是而行,则一切疑义,当可以了解也。其法则每读一书,将其疑难之处,钞于笔记,书明某书某篇某叶,再读下去。读毕之后,再读他册;倘有与前书相发明者,复钞之于前书笔记之次。读毕两三部后再将笔记中疑义比勘研究,必然可以涣然冰释。如读《韩非子·有度篇》引先王之法曰:"无或作利,从王之指;无或作恶,从王之路。"觉其与《尚书·洪范》"无有作好,遵王之道;无有作恶,遵王之路。"之文大同小异,遂录之于笔记;他日读《吕氏春秋·贵公篇》引《洪范》曰:"无或作好,遵王之道;无或作恶,遵王之路。"高诱注曰:"或,有也。"又记之于其次;因将《书经》原文与吕韩二家所引比较之。

由此观之，《韩非》所引利与好义相近也，从与遵义亦相近也，指与道义亦相近也。而《吕览》所引，皆与《尚书》同；特或字与《尚书》异，而与《韩非子》同。由是可以了解四事。

一、或有两字相通。

二、《尚书》无有之有，当作或字之意，非有无之有。

三、《韩子》所称先王之法，即指《洪范》。

四、古人引书多音义相假，不必尽同原文；考据家引书改书，未必尽当。

以上关于书中之训诂字义者也。至于书中之大义有未明者，亦用此等笔记而得了解。如读《老子》第二章云："天下皆知美之为美，斯恶矣；皆知善之为善，斯不善矣。"始读斯文，或有不甚明了之处，及读至第十八章云："大道废，有仁义；知慧出，有大伪；六亲不和有孝慈；国家昏乱识忠臣。"读至此，则上文所谓知美之为美，知善之为善，如国之贵忠臣，家之贵孝子，必有昏乱之国，不和之亲，而后贵之也。则皆知美之为美斯恶，皆知善之为善斯不善，其旨明矣。及再读《庄子·大宗师篇》："泉涸鱼相处于陆，相呴以湿，相濡以沫，不如相忘于江湖。"观此，则知美之为美知善之为善，正如鱼之贵湿贵沫也，则

《老子》之旨，不益明乎？学衡杂志中学生研究国文之方法

汪国垣

字辟疆，江西彭泽人，著有《目录学研究》等。

（一）学校教学国文之弊，其最显著者有二，则用耳不用目，用口不用手是已。治学治文，自治为贵。孙仲容幼时从太仆公居京邸，日取架上《汉魏丛书》阅读之，随手疏记，卒成通儒。章行严先生尝语余，吾辈业文，皆弱冠时乱翻阅书卷而得，初不关乎讲课，此自治之效也。今时学子，由小学而初高中，而大学，挟册听讲，全凭耳授，操管作记，音误字误，触目皆是，其退而稽考典籍者，百无一二焉。辗转稗贩，贻误无穷，偶布篇章，通人齿冷，则任耳不任目之弊也。曩时学子伏案下帷，偶有所得，辄笔于书，学成名立，积卷盈尺，笔札既勤，则文不加点。今观所传名贤手记，如李慈铭，王闿运，曾文正，叶昌炽诸公日记，高可隐人，则平居用手之时，可以想见。侯官严氏，精研西籍，返国以后，肆力中学，凡所浏览，丹黄满帙。余尝亲见其读《庄子》《老子》《王荆公集》《太史公书》，皆批校十数过。今人但惊其文章美妙，不知其勤于笔劄之独深也。若在近日学子，群以用手为苦事，每遇作文，辄多方推诿。教者利因循而惮改削，而学者

又不肯自动撰文,但以耳口相传,为弋禄获名之捷径,一旦出而任事,假手记室,其偾事当何如哉?凡此皆学校教学之通病也。欲救此病,当反其道而施之,则治学治文之坦途,庶可遵循矣。**国衡创刊号中学国学用书叙目**

(二)学求有益:有益于身心,有益于治事,有益于国家社会;大之可以经国宏远,小之可以律己修人,非平居玩索之余,有慎思明辨之力,未足语此。学子呫哔之余,于读经则详考其立法垂训之大原;于读史则博稽成败兴衰之得失,举凡一名一物一制度一因革,皆宜用综合分析之法,或比较其异同,或钩稽其奥义,或于一事未著而决其成败得失,或于一言之细而求其是非利害,则以我观书,书尽为我用矣。此法古人多有行之者,其法在每读一书,置册座隅,或排日而作记,或积劄而成篇;如顾亭林、阎百诗、钱竹汀、陈兰甫诸先生之所为者,幼而习之,长而弗倦,则益己益人,为功不细矣。**国衡创刊号中学国学用书叙目**

李笠

(一)读书欲成名家,最忌读节本、删本书籍。明代士大夫,最好节删古籍,所以其时学术亦萎靡不振;清代朴学所以大放异彩者,全从烦

字雁晴,浙江瑞安人。有《三订国学用书撰要》。

琐中得来也。盖尽无重轻,有用则沙砾尽为至宝。人之性情,各有所近,程才分工,断难一律;虽有通硕,难预定也。且群经为前哲所重。即其无用者,其名物训诂,亦可作读古书之南针。读《礼记》者,继极畏其烦琐,亦宜先行遍读,然后视其兴趣所近,目的所在者,而采择之。采择之法,须就原书标识,非徒全篇,即散句亦宜留意。此读书之法,不独《礼记》然也。三订国学用书撰要

(二)文学之书,不必尽读。性情所近,甲乙互异;兴会所在,父子不传。或本无意读诗文,偶睹篇目,遂惬意而朗诵。故亦不能预为删节,以强人所不好。《古文关键》《六朝文絜》等书,虽极简约,却非深嗜词章者所愿读也。故文学书不惧册子繁多,只惧书本之简陋耳。如《古文观止》《古文释义》等制义式的文学书,虽卷帙厚薄得当,亦复何用?梁氏政治史类冞《文献通考》,目下注云:"各人宜因其所嗜,择类读之。"读文学书,独不可择类读之乎?或择人,或择篇,亦视读者所嗜耳。三订国学用书撰要

附录　关于读书法之书目

余编辑《古今名人读书法》一书既竟,爰将平日所知见,关于读书法之各种专著,加以类次,而略附说明,俾研究斯事者,可以取资焉。

(一)古代关于读书法之专著

《朱子读书法》(宋辅广原著　张洪、齐熙补订)

此书专采朱熹《语录文集》中所论读书方法之文字。案我国读书法之有专书,殆以此为最早。《四库全书》所收入者,凡四卷,《提要》谓,宋张洪、齐熙同编,原本久佚,今从《永乐大典》录出;盖因辅氏原本及鄱阳王氏所续编重为补订。考辅氏名广,为朱熹弟子,张洪字伯大,齐熙字充甫,皆鄱阳人。近见浙江图书馆有张洪等补订者,为八旗书院本。

《读书分年日程》(元程端礼撰)

此书共三卷,《提要》称其因辅广所撰《朱子读书法》而修之,以原目六条为纲,而分立其课程。案端礼字敬叔，广元人，从史蒙卿游，传朱熹明体达用之旨，有《畏斋集》。此书坊间颇通行，易得。

《宋先贤读书法》

此书只一卷，作者不详，见《四库存目》中，《提要》云："不著撰人名氏，所采宋儒之说，凡二十家，而朱子为多，其法始以熟经，终以身体力行。明万历丙午蒲田训导江震鲤序而重刊之，亦不云谁所辑也。"

《读书十六观》（明陈继儒撰）

此书载于《宝颜堂秘笈》中，陈氏集中亦曾收入。虽仅数千字，但语颇透辟，发人深省。

《读书法》（清魏际瑞撰）

载于《昭代丛书》，其实字数尚不满一千。

《读书作文谱》（清唐彪撰）

此书十二卷，兼及作文法。其中所载读书法，类别条分，可取甚多，为继《朱子读书法》及《读书分年日程》后较佳之作。坊间亦颇通行。近上海新教育社将其书稍为删节，改名为《读书作文法》重刊，易得。

《先正读书诀》（清周永年撰）

此书载于《灵鹣阁丛书》中，卷首冠有阎敬铭等序，知为未成之稿。全书以时代为次，所载宋人读书法较多,但取材稍病芜杂,且多所遗漏,不能称为完璧。

《读书说约》(清谢鼎卿撰)

此书共三卷,与《虚字阐义》合刊,谢字视侯,耒阳人,书中多采理学家言。

《輶轩语》(清张之洞撰)

此书共六卷,书中分语行,语学,语文,学究语,敬避字,磨勘条例六类,为张氏督学四川时指示当时学子读书治学而作。书中除一部分涉及科举时文外,余皆切实可观。坊间亦通行。又北平文化书社取张氏《輶轩语》及《劝学篇》等书之专论读书法者,编为《读书法》一书,价廉易得。

《读书法汇》(清杜贵墀编)

此书载于《桐华阁丛书》中,有门人刘肇隅氏为之序。杜氏字仲丹,湖南巴陵人,其中汇选历代关于读书法之文字,与《先正读书诀》体例略同。惟后半颇杂乱,并涉及修辞作文各方面,想亦为未加整理者。

以上为古代关于读书法之专著,大约以辅广《朱子读书法》为最早,而其比较详备者,除辅氏书外,当推程端礼之《读书分年日程》,唐彪之《读书作文谱》,周永年之《先正读书诀》,张之洞之《輶轩语》等书。此外如《朱子全书(中)》之《读书法类》,陈梦雷之《古今图书集》《成读书部》,以及冯班之《钝吟杂录》,梁章钜之《退菴随笔》等书,关于读书法之材料,亦皆丰富,以非专著,故不另列而附记于此。

(二)现代关于读书法之专著

《读书法》(陈莘著)

此书材料,大半取自日人著作,章分节解,颇便初学。现由中华书局印行。

《青年读书指导》(潘文安著)

潘氏此书,共分十章,始"引论",终"应读书籍",叙述显豁,颇合实用。惟最后三章,多抄梁(启超)胡(适)整理国学之方法,颇嫌过深。现由大东书局印行。

《修学指导》(郑宗海著)

《读书方法》(文经纬著)

右二书,前者由商务印书馆出版,后者由世界书局出版,虽多采自西籍,甚少创见。但前者组织,较后者为精善。

《读书座右铭》(徐蓬轩著)

此书不单售,附于世界书局出版之《读书作文通》中,内皆采集古今成法,而详加以发挥。

《古书校读法》(胡朴安著)

《古书读校法》(陈钟凡著)

《古书读法略例》(孙德谦著)

《古书今读法》(胡怀琛著)

右四书,第一种系家刊本,第二三两种由商务出版,第四种由世界出版,皆为读古书者指示方法,惟前三种考论较详,便于求深造者所取资;后一种则为初学而作,词意显明,易读。

《读书指南》(胡贻毂编)

《修学一助》(谢洪赉等著)

右二书,皆汇集近人如谢洪赉、范祎等关于读书方法之论文,虽无高论,亦颇切实有用,由青年协会印行。

《现代读书的方法》(王新命等编)

此书系取最近关于"读书方法","各科学习法","读书运动言论"三类论文汇成,编制尚称完善。由现代书局印行。

《科学的读书方法》(白占友编)

此书编制,与前书略同,惟取材较为广博,并附"作者略传"。由天津汇文学校编者本人出版,前上海大公报代办部有寄售。

《读书指导》一二集(李伯嘉编)

《我们怎样读书》(范寿康编)

《中学各科学习法》(夏丏尊等著)

右三书皆汇集"各科研究法"之文字,体例谨严,选择亦较审慎。前一种由商务印书馆出版,后二种由开明书局出版。

《中学读书指导》(何景文编)

此书共二册,选集"一般读书法"及"各科研究法"之文字颇多,惟校对极疏忽。由中学生书局出版。

以上为现代关于读书法之专著,自"读书指南"以上为选述之书,"读书指南"以下为编选之书,其中体例不一,取材亦有异同——或采自我国旧说,或根据东西译籍,然皆指示吾人读书之各种方法,正不害为殊途同归也。此外如丁福保之《读书镫》(医学书局),邹德谨、蒋正陆等之《读书法》(商务),朱天民、华文祺之《卫生勉学法》(商务),开仁之《怎样解决读书问题》及《怎样自修》(长城),马雪瑞之《读书法》(中华书局《初中学生文库》),彭惠秀之《怎样读书》(中华书局小学生副读本),徐应昶等之《读书法》(商务),郭人全之《中学生学习方法》(黎明),黄修平之《最新读书法》(有正)……或未窥其内容,或无甚可取,故不另列而附记于此。又各杂志中,如商务之《学生杂志》第十卷第六号《学习法专号》,光华之《读书月刊》第一卷,商务之《教育杂志》第二十五卷第三期,中国文化建设协会之《文化建设》第一卷第七期,读书生活社之《读书生活》第二卷第六期,中国文化建设协会之《读书季刊》各期,学校生活社之《学校生活》第一〇七及一〇八号合刊之《研究专号》,中学生活社之《中学生活读书问题专辑》,其中多有关于读书法之论文,俱可供研究者之参考。惟上面所举,仅就作者数年来耳目所及而略述之,所有罣漏之处,自当不少,他日如续有所得,当再加补订,以就正于当代博雅,实为至幸!